D1926728

Der Tod ist tot, das Leben lebt

THOMAS
SÖDING

DER TOD IST TOT, DAS LEBEN LEBT

Ostern zwischen Skepsis und Sehnsucht

MATTHIAS
GRÜNEWALD
VERLAG

Übersetzung der verwendeten Bibelzitate:
Thomas Söding

Der Matthias-Grünewald-Verlag ist Mitglied
der Verlagsgruppe engagement

Alle Rechte vorbehalten
© 2008 Matthias-Grünewald-Verlag
der Schwabenverlag AG, Ostfildern
www.gruenewaldverlag.de

Umschlaggestaltung: Finken & Bumiller, Stuttgart
Umschlagabbildung: PhotoCase.com
Gesamtherstellung: Matthias-Grünewald-Verlag, Ostfildern

ISBN 978-3-7867-2695-1

INHALT

>

GRABESSTIMME
Erstes Kapitel

Kurt Marti, der Schweizer Theologen-Poet, ist ein Radikaler: ein radikaler Zweifler und ein radikaler Gläubiger. Sein Gedicht »das leere Grab«[1] baut die Spannung zwischen Skepsis und Hoffnung auf, von der die Ostergeschichte immer geprägt war und immer geprägt sein wird: Skepsis, dass Jesus wirklich auferstanden ist; Hoffnung, dass die Liebe stärker ist als der Tod.

Das leere Grab ist der Ort, an dem diese Spannung schier unerträglich wird. Denn das leere Grab war ein volles Grab. Die Frauen, die es am Ostermorgen aufsuchen, wissen, dass Jesus, ihr geliebter Heiland, grausam hingerichtet und blutig gestorben ist. »Gestorben und begraben« – bis heute hält das Glaubensbekenntnis der Kirche dieses harte Faktum fest; bis heute können und wollen es viele nicht glauben. Immer wieder geistern Scheintod-Thesen durch Jesusromane und pseudowissenschaftliche Enthüllungsbücher. Mit der Realität haben sie nichts zu tun. Jesus hat wirklich gelebt; er ist auch wirklich gestorben. Man hat keinen Scheintoten, sondern einen echten Leichnam begraben. Zweifel können einem nur darüber kommen, was dieser Tod bedeutet: Ist er ein verdientes Ende, ein Unglück, eine Tragödie? Oder ist das, was das Neue Testament mit vielen Stimmen sagt: die Besiegelung des Schicksals Jesu, die Kulmination seiner Sendung, der Höhepunkt seines Wirkens, der Durchbruch zum ewigen Leben?

DAS LEERE GRAB

ein grab greift
tiefer
als die gräber
gruben

denn ungeheuer
ist der vorsprung tod

am tiefsten
greift
das grab, das selbst
den tod begrub

denn ungeheuer
ist der vorsprung leben.

Auch das leere Grab ist keine zweifelsfreie Angelegenheit. Tausend Theorien könnte man sich ausdenken, um den Umstand zu erklären. Sinnestäuschung? Hysterie? Wunschtraum? Massenbetrug? Dreister Leichendiebstahl? Die Evangelien wissen um diese Fragen. Sie vertuschen die Zweifel nicht. Aber sie geben denen das Wort, die mit Jesus auf die Gottesherrschaft hoffen. Diese Zeugen stehen dafür ein: So wie das Grab voll war, war es auch leer. Und sie werben für die Botschaft: »Das Grab ist leer, der Held erwacht«.

Hoffnung wider Hoffnung

Kurt Marti weiß um die Zweifel am Osterglauben. Er weiß auch, dass die Hoffnung immer eine »Hoffnung wider Hoffnung« ist (Röm 4,18). Sein Gedicht lotet die Tiefe des Grabes aus. Der Name Jesu fällt kein einziges Mal. Dennoch ist schon mit der Überschrift klar: Kurt Marti schreibt ein Jesus-, ein Oster-, ein Auferstehungsgedicht. Ein leeres Grab wartet darauf, gefüllt zu werden – oder ist ausgeplündert worden. »Das« leere Grab kann nur eines sein: das Grab Jesu. Die Religionsgeschichte kennt kein anderes Beispiel. Das Grab des Mose ist unbekannt; Buddhas Leiche wurde verbrannt, die Asche unter acht Hügeln vergraben; Konfuzius wurde mit allen Ehren von seinen Schülern bestattet; das Grab Mohammeds wird in Medina verehrt. Nur von Jesus wird – bis heute – ein Grab gezeigt, das voll war und leer ist. Wenn Kurt Marti sein Gedicht »das leere grab« überschreibt, ist sofort klar: Es geht um das Grab von Golgatha.

Dieses Grab ist »ein« Grab wie jedes Grab. Jedes Grab legt Zeugnis ab von der Herrschaft des Todes. Den Hinterbliebenen mag es ein Trost sein, das Grab als Stätte der Erinnerung aufzusuchen und zu pflegen. Aber aus dem Grab kommt niemand zurück in dieses Leben.

Jesu Grab ist ein Grab unter anderen Gräbern. Noch heute birgt die Grabeskirche in Jerusalem eine Vielzahl weiterer Grabstätten. Die fromme Überlieferung lokalisiert das

Grab Adams direkt unter dem Felsen von Golgatha, der Schädelstätte; in der Nähe des unter prunkvollen Einrichtungen verborgenen Jesusgrabes gibt es in der Kirche weitere aufgelassene Felsengräber, die einen ungefähren Eindruck von den Verhältnissen zur Zeit Jesu vermitteln können.

Jesus geht den Weg, den alle Menschen gehen: den Weg in den Tod. Sein Lebensweg führt auf den Kreuzweg; sein Kreuzweg führt ins Grab. Jedes Grab ist ein Mahnmal für den Skandal des Todes. Kurt Marti sagt: für seine Ungeheuerlichkeit. Ungeheuer ist der Tod nicht nur, weil er jederzeit zuschlagen kann, allen Vorsichtsmaßnahmen und Lebensversicherungen zum Trotz. Ungeheuer ist der Tod, weil er das Leben auslöscht. Jedes Leben ist unendlich kostbar. Warum muss es enden? Warum ist das Leben ein »Sein zum Tode«, wie der Philosoph Martin Heidegger es betrachtet? Es ist ungeheuerlich, dass Glück zerstört, Gesundheit zerrüttet, Leben beendet wird. Man kann zwar räsonieren, dass die Evolution ihren Preis fordert und Unsterblichkeitswünsche etwas Infantiles haben. Aber jeder Mensch, der Angst vor dem Tod hat oder um einen anderen Menschen trauert, ist im Recht gegenüber denen, die den Tod nicht ernst nehmen. Manche mögen ihn sich herbeisehnen – aber nur, wenn ihnen das Leben selbst zur Qual geworden ist. Der Tod ist ein Ungeheuer. Jedes Grab ist ein Zeichen dafür, dass der Tod einen uneinholbaren Vorsprung hat; und wenn man ihn einholt, hat der Tod einen eingeholt und wieder einmal gewonnen.

Der Abgrund

Jedes Grab »greift tiefer, als die Gräber gruben«. Die Totengräber messen aus, wie tief die Grube sein muss, damit der Sarg verschwinden kann. In der Schweiz, wo Kurt Marti lebt, gibt es dafür genaue Vorschriften. Aber das Grab eines Menschen reicht tiefer als die Sarggrube. Unter jedem Grab klafft der Abgrund des Todes. Jedes Grab, erzählen die Mythen der Völker, führt in die Unterwelt. Jedes Grab greift in die Tiefe.

Ein Grab, schreibt Kurt Marti, greift tiefer als alle Gräber. Es ist »das« Grab – das Grab Jesu. Dieses Grab greift »am tiefsten«. Denn in diesem Grab liegt der Sohn Gottes begraben. Das Grab Jesu bewahrt den Leichnam eines Gekreuzigten auf. Grausamer kann kein Mensch sterben als am Kreuz. Unschuldiger kann kein Mensch sein als Jesus. Die ganze Ungeheuerlichkeit des Todes wird sichtbar am Grab Jesu. Mit dem Tod Jesu scheinen alle Hoffnungen seiner Jünger gescheitert, Gott könne die unendlichen Verheißungen Jesu für Israel und die Völker bewahrheiten. Mehr noch: Jesus scheint als Gotteslästerer entlarvt zu sein. Seine Verkündigung, die Gottesherrschaft sei nahegekommen, scheint desavouiert. Damit aber scheint die Hoffnung als Illusion entlarvt, Gott könne den Menschen so unendlich nahe sein, wie Jesus es gesagt und verkörpert hat.

Aber Jesu Grab »greift am tiefsten«: bis zum absoluten Nullpunkt. Es misst nicht nur die Tiefe des irdischen Todes aus, sondern reicht unendlich tiefer als der Tod. Die Aktivität anderer Gräber ist eine symbolische: Der Tod zieht hinab. Aber das Tiefgreifende dieses einen Grabes, des Grabes Jesu, ist unermesslich. Denn Jesus hat den Tod, den dieses Grab besiegelt, zwar nicht gesucht, aber angenommen, und zwar für die Menschen. Jesus nimmt den Tod auf sich, er ist wirklich gestorben. Aber weil er seinen Tod in Gott angenommen hat, kommt dieser Tod dem Leben der Menschen zugute. Der gestorbene Jesus ist nicht inaktiv. Er geht in den Tod hinein – und durch ihn hindurch. Er steigt hinab ins Reich des Todes, sagt das Glaubensbekenntnis. Es folgt darin dem Ersten Petrusbrief, der sagt, Jesus sei hinabgestiegen »ins Gefängnis«, um den »Geistern zu predigen« (1Petr 3,19). Gemeint ist das Gefängnis der Unterwelt, in dem die armen Seelen dahinvegetieren. So wie Jesus nach der Antrittspredigt, die er in der Synagoge von Nazareth hält, mit Worten des Propheten Jesaja (Jes 61,1–2) sagt, er sei gekommen, um den Armen das Evangelium und den Gefangenen die Entlassung zu verkünden (Lk 4,16–21), so beendet der Tod dieses Wirken nicht, sondern eröffnet ihm ein neues Feld.

Der Tod des Todes

Das Grab Jesu »greift am tiefsten«, weil Jesus unendlich weit ausholt, um Gottes Heilswillen zu verbreiten. Was für sein Leben gilt, bestimmt auch seinen Tod. Das Neue Testament macht Anleihen am Mythos von der Unterwelt, um ahnen zu lassen, dass tatsächlich keine Menschenseele von der Gnade Gottes in Jesus Christus ausgenommen ist. Aber es holt den Glauben der Völker ins Evangelium und tauft ihn. Jesus hat die Ungeheuerlichkeit des Todes auf sich genommen. Er hat den Abgrund des Todes ausgelotet. Sein Grab greift tiefer als alle Gräber: Es unterfängt sie.

Das Grab Jesu ist das Grab, in dem der Tod begraben wurde. Das volle Grab erweckt den Anschein, als habe der

Tod über Jesus und seine Botschaft für die Menschen gesiegt. Tatsächlich aber hat Jesus den Tod besiegt. Der Sieg Jesu über den Tod ist kein Triumph, der auf Verdrängung basierte. Jesus hat den Tod angenommen, wie er das Menschsein angenommen hat – und die Menschen, die sterben müssen. Der Sieg Jesu über den Tod ist ein Sieg der Liebe. Im leeren Grab bleibt der Tod zurück – und das Leben beginnt.

Das ist der »Vorsprung Leben«. So uneinholbar der Vorsprung des Todes ist – gegen das Leben kommt er nicht an. Zwischen Leben und Tod gibt es keine fein austarierte Balance. Es herrscht vielmehr ein unendliches Übergewicht des Lebens. Das Leben ist im Vorteil, weil es Gott gibt, den Freund des Lebens. Das Leben ist im Vorteil, weil es Jesus gibt, der gestorben und auferstanden ist.

Kurt Marti beschreibt diesen Vorsprung des Lebens. Aber er vergisst nicht das Erschrecken über den Tod – über den Tod Jesu wie über den Tod eines jeden Menschen. »ungeheuer ist der vorsprung leben« – er ist unendlich groß, aber deshalb ist er auch erschreckend groß.

Der Atem müsste einem stocken, wenn man ahnte, was sich am dritten Tage in Jerusalem abgespielt haben soll. Das Leben, das den Vorsprung hat, ist keines, das den Tod vergessen macht. Der Auferstandene legt seinen irdischen Leib nicht ab wie ein Kleid – als ob er auf Erden ein Schauspieler gewesen wäre, der nur die Rolle eines Menschen gespielt hätte. Er ist Gottessohn mit Fleisch und Blut. So steht er auch mit Leib und Seele von den Toten auf. Das ist ungeheuerlich, eine Zumutung. Die Gebildeten haben sich immer gesträubt. Kreuz und Auferstehung – eine Beleidigung des guten Geschmacks? Tatsächlich ein abgründiges Geschehen, das auf den Gipfel allen Glücks führt.

Kurt Marti ist ein exakter Dichter. »Vorsprung Tod« – »Vorsprung Leben«. Hätte er nur den Vorsprung gemeint, den der Tod vor dem irdischen Leben und das ewige Leben vor dem Tod hat – er hätte es so geschrieben. Aber Tod und Leben haben in diesem Gedicht nicht nur einen Vorsprung, sie sind dieser Vorsprung. Der Tod ist ein Vorsprung, weil er immer dem Leben eines Menschen vorausliegt: Er ist der Vorsprung vor allen Unsterblichkeitsvisionen und Allmachtsphantasien, vor allen Ängsten und Sehnsüchten. Das ist eine bittere Wahrheit. Der Vorsprung ist tödlich, weil er eine Distanz aufbaut, die der Mensch nie überwinden kann.

Noch viel mehr ist aber das Leben ein ungeheurer Vorsprung – weil Jesus ungeheuerlicherweise gestorben und auferstanden ist. Das Leben ist nicht nur der Vorsprung vor allen Unsterblichkeitsvisionen und Allmachtsphantasien, vor allen Ängsten und Sehnsüchten. Das Leben ist der Vorsprung vor dem Tod. Dafür steht das leere Grab. Es verweist auf den lebendigen Gott. Der unendliche Vorsprung Gottes vor den Menschen – er ist das Leben.

AN DER QUELLE: ERZÄHLEN UND BEKENNEN

Zweites Kapitel

Das Neue Testament gäbe es nicht ohne den Glauben an die Auferstehung Jesu von den Toten. Der Christusglaube hat zwar ein erstes Standbein im Wirken Jesu von Nazareth selbst. Das hat Papst Benedikt XVI. in seinem Jesusbuch herausgestellt.[2] Aber wäre Jesus im Grab geblieben, hätte es vielleicht noch ein paar Humanisten gegeben, die sich an den guten Menschen von Nazareth erinnert hätten, ein paar Philosophen, die der Weisheit Jesu etwas abgewonnen hätten, ein paar Historiker, die einen interessanten Menschen beschreiben würden. Nie jedoch hätte es den Glauben an den Erlöser gegeben, die Hoffnung auf das ewige Leben durch ihn, den am Kreuz Gestorbenen.

Der Glaube an die Auferstehung Jesu ist jedoch nicht vom Himmel gefallen. Gott hat ihn den Jüngern nicht aufgezwungen. Sie haben sich frei noch einmal neu für Jesus entschieden. Aber sie sind nicht durch eigene Überlegungen zum Glauben gekommen. Wider alle Erwartung haben sie die Erfahrung gemacht, dass Jesus, der erniedrigt und gedemütigt worden war, zur Rechten Gottes erhöht ist.

Er, der im Dunkel des Grabes von einem großen Stein verborgen war, ist in Gottes Glanz erschienen. Er, der als Gotteslästerer verurteilt wurde, hat den Glauben an Gott neu entzündet.

Der Osterglaube ist Gottesglaube: Glaube an den totenerweckenden Gott. Aber er ist ein menschlicher Glaube. Manche Theologen strengen sich an, psychologische Erklärungen möglichst auszuschalten. Aber die neutestamentlichen Evangelien geben den Hoffnungen und Ängsten, den Zweifeln und Erwartungen der Jünger breiten Raum. Beim Glauben ist immer die Psyche, die Seele des Menschen im Spiel.

Daraus darf man aber nicht den Umkehrschluss ziehen, die Auferstehung sei ein Wunschtraum und das Evangelium ein Ammenmärchen.[3] Denn Gott, sagt die Bibel, vermittelt seinen Willen auf menschliche Weise. Menschen können Gott erfahren. Gott schreibt sich ihrer Biographie ein. Die Auferstehung Jesu ist das Ereignis, das sich der Erfahrung von Menschen einprägt – derer, die als Erste Zeugnis abgelegt haben, dass Jesus lebt.

An keiner Stelle des Neuen Testaments wird die Auferstehung Jesu selbst erzählt. Aber erzählt wird, wie das Grab leer gefunden worden und der Auferstandene den Seinen erschienen ist. Die Grundform des österlichen Glaubenszeugnisses ist das Erzählen, weil es auf Erfahrungen beruht. Auch die Osterpredigten können im Kern nichts anderes, als zu erzählen, was sich ereignet hat, und noch die ältesten Glaubensbekenntnisse der Urkirche haben die Grundstruktur von Erzählungen.

Das leere Grab

Der erste Ort, an dem der Osterglaube verkündet wird, ist das Grab Jesu. Dort, wo die Geschichte Jesu ein für allemal beendet schien, beginnt sie ganz neu. Die Erzählungen, das Grab sei leer gewesen, finden sich in allen vier Evangelien. Durchweg sind es nach dem Neuen Testament Frauen, die als erste das Grab leer finden und eine Ahnung der Auferstehung erlangen.

Dass es Frauen sind, hat erheblich dazu beigetragen, den Realitätsgehalt der Geschichten in Abrede zu stellen. Die ersten Männer, die sich mit Zweifeln hervorgetan haben, waren die Apostel. Auf den Bericht der Frauen, erzählt Lukas, reagieren sie skeptisch: »Es erschienen ihnen diese Worte als Geschwätz, und sie glaubten ihnen nicht« (Lk 24,11). Dass diese Skepsis nicht gesund, sondern borniert war, wird sich bald zeigen. Aber auch die antiken Kritiker des Christentums haben sich über die angeblich unzuverlässigen Zeuginnen mokiert. Kelsos, ein Intellektueller, mit dem sich der Kirchenvater Origenes kritisch auseinandersetzt, fragt, was man schon einem »hysterischen Weib« glauben könne;[4] der Philosoph Porphyrios, eigentlich ein kluger Kopf, aber ein hemmungsloser Kritiker des Christentums, macht sich über die »unscheinbare Frau vom Lande« lustig, der die Kirche ihren Glauben verdanke.[5] In der Neuzeit ist es nicht viel besser. Nur weiten die deutschen Gelehrten des 19. Jahrhunderts ihre Vorurteile gleich auf die Orientalen insgesamt aus, die nicht in der Lage seien, klare Begriffe zu bilden und deshalb die ewigen Ideen Jesu nur in der naiven Form von Geschichten zur Anschauung gebracht hätten. Die Grabeserzählungen stehen dann neben den Wunderberichten in der ersten Reihe der Verdächtigen.

Die heutige Kritik stolpert darüber, dass es keine naturwissenschaftliche Theorie gibt, die das leere Grab erklären kann.[6] Wenn ein Leichnam nach drei Tagen aus einem Grab verschwunden ist, lässt sich scheinbar nur die Erklärung geben, dass er beiseite geschafft worden ist. Schon in der antichristlichen Polemik der Antike wird dieses Argument geltend gemacht. Moderne Christentumskritiker haben den Vorwurf des Leichendiebstahls aufgewärmt und mit der Unterstellung verbunden, die Jünger hätten auf Kosten Jesu groß herauskommen wollen.

Aber dem Neuen Testament zufolge sind es einfache Frauen, die das Grab leer gefunden und dennoch (man kann es bedauern) keinerlei Karriereaussichten gehabt haben. Und die Apostel, die ihnen schließlich doch geglaubt haben, haben diesen Glauben mit dem Leben bezahlt. Das Interesse der Jünger, den Leichnam Jesu in betrügerischer Absicht aus dem Grab zu entfernen, musste nach Lage der Dinge denkbar gering sein – abgesehen von der Frage, ob sie überhaupt Zeit und Gelegenheit gehabt hätten. Weil es trotzdem keine vernünftige Erklärung für das leere Grab gibt, wird in der heutigen Bibelwissenschaft mehrheitlich geurteilt, die Grabesgeschichte sei eine Legende, die das Dogma der leiblichen Auferstehung Jesu ins Bild setzen solle. Aber das ließe immer noch die Frage nach einem historischen Kern offen.

Zeichen des Glaubens

Das leere Grab ist nach dem Neuen Testament ein Zeichen des Glaubens – ein Zeichen, das nur mit den Augen des Glaubens richtig gelesen werden kann. Dass es keine natürliche Erklärung gibt, ist ja gerade die Pointe der Auferstehungsbotschaft: Gott hat gehandelt; er hat Jesus auferweckt. Gottes Sohn ist Mensch geworden, mit Haut und Haar. Solange er als Mensch lebte, war er den Bedingungen von Raum und Zeit unterworfen. Aber mit dem Tod hört das auf. Die Auferstehung Jesu ist per definitionem kein physikalisches Phänomen, das man wiegen, messen, steuern, wiederholen könnte, sondern ein absolut singuläres Geschehen, das als solches nicht den Naturgesetzen unterliegen kann.

Die Historizität des Begräbnisses Jesu lässt sich nicht bestreiten. Üblicherweise wurden Gekreuzigte nicht bestattet, sondern verscharrt. Aber es gab Ausnahmen. Im Falle Jesu nahmen sich prominente Juden seiner an. Joseph von Arimathäa wird in allen Evangelien, von Johannes wird zusätzlich Nikodemus genannt. Jesus ist auf Golgatha bestattet worden, unweit der Hinrichtungsstätte, außerhalb der (damaligen) Stadtmauern, in einem Garten. Bis heute weiß die Forschung keinen besseren Ort zu nennen als den, der in der Grabeskirche von Jerusalem verehrt wird. Dass der Urgemeinde der Ort des Grabes unbekannt gewesen wäre, ist reine Spekulation, genährt von den Schwierigkeiten, das leere Grab zu erklären.

Das volle Grab aber war nach drei Tagen leer. Der Glaube an die leibliche Auferstehung Jesu und seine Erhöhung zur Rechten des Vaters hätte sich keine Sekunde in Jerusalem halten können, wenn man Jesu Knochen im Grab von Golgatha hätte zeigen können. Andererseits: Hätte man eine Lügengeschichte auftischen wollen, die andere zum Auferstehungsglauben hätte verführen sollen – man hätte alles machen dürfen, nur nicht einfache Frauen aus Galiläa als Zeuginnen aufbieten.

Solange von der Kreuzigung Jesu erzählt worden ist, ist auch vom Grab Jesu erzählt worden, vom vollen und vom leeren. Die Tradition, die der älteste Evangelist, Markus, aufgreift, um sie eine Generation später schriftlich festzuhalten, ist uralt. Sie geht auf die Jerusalemer Urgemeinde zurück. Sie ist gewiss literarisch ausgestaltet. Sie ist auch als Glaubenszeugnis stilisiert worden. Aber sie stammt aus einer Zeit, als Petrus und Maria Magdalena, die Apostel und die Frauen aus Galiläa, als auch Hannas, Kaiaphas und Pilatus noch gelebt haben.

Die Grabesgeschichte ist ein Glaubenszeugnis der Urgemeinde, das einen harten historischen Kern hat: den Stein, mit dem das Grab verschlossen war und der vor den Osterfrauen fortgewälzt wurde.[7]

Erscheinungen

Der zweite Ort, an dem der Osterglaube entstanden ist, sind Erscheinungen des Auferstanden. Mit den Augen der Menschen betrachtet, sind sie Visionen. Mit den Augen Gottes betrachtet, urteilt der Glaube, sind sie Offenbarungen: Offenbarungen der Göttlichkeit Jesu, seiner Teilhabe an der Macht und Herrlichkeit des Vaters, seiner bleibenden Nähe zu den Menschen, seiner Hinwendung zu den Seinen, seiner Bevollmächtigung der Jünger, sein Werk

fortzusetzen, vor allem: seines endgültigen Sieges über den Tod.
Alle Evangelien des Neuen Testaments haben farbige Erscheinungserzählungen. (Die Geschichte, die in Mk 16,9–20 steht, ist allerdings, wie die ältesten Handschriften zeigen, erst später dem Evangelium hinzugefügt worden.)
Dass Erscheinungen Jesu der Geburtsort des Osterglaubens sind, geht auch aus der ältesten Bekenntnistradition der Urkirche hervor (vgl. 1 Kor 15,3–5). Der Apostel Paulus berichtet in einigen seiner Briefe, dass auch er – wiewohl die Zeit eigentlich schon abgelaufen war – »den Herrn gesehen« habe (1 Kor 9,1), und deutet dies als »Offenbarung«, durch die Jesus ihn mit der Verkündigung des Evangeliums unter den Völkern beauftragt habe (Gal 1,15–16), gleichberechtigt mit Petrus und den anderen Aposteln (Gal 2,1–11).
Die heutige Theologie tut sich mit den Erscheinungsberichten leichter als mit der Grabesgeschichte, obwohl gerade die Visionen am ehesten dem Projektionsverdacht Nahrung geben können. Ein geschichtliches Offenbarungshandeln Gottes im Bereich des Psychischen ist nach allen neuen Erkenntnissen der Hirnforschung nicht viel leichter zu erklären als im Bereich des Organischen. Doch die Zeugnisse sind zu alt, zu zahlreich und zu vielfältig, um als Halluzinationen erklärt werden zu können. Im Gegenteil: Keine Erklärung ist plausibler als die, dass die Jünger Auferstehungsvisionen gehabt haben, weil der auferstandene Jesus sich hat sehen lassen. Was hatte Petrus mit Paulus, was Maria Magdalena mit Jakobus gemein? Und doch sind alle durch die Visionen zum Auferstehungsglauben

gelangt, ohne dass gesagt werden könnte, einer habe den anderen mit seiner Hysterie angesteckt.
Gewiss: Wer in einem mechanistischen Weltbild gefangen ist und dem Rationalismus frönt, wird prinzipiell ausschließen, was das Neue Testament sagt: dass Jesus die Gottesherrschaft gebracht hat und von den Toten auferstanden ist. Aber dann muss die Diskussion über Skepsis und Hoffnung auf einer anderen Ebene als derjenigen der Textauslegung geführt werden. Die Theologie braucht die Diskussion nicht zu fürchten, weil sie in der heutigen Philosophie, auch der heutigen Physik viele Verbündete hat, die mit den alten religiösen Denkverboten nichts mehr anfangen können.

Tiefe Eindrücke

Allerdings gibt es auch bei den Erscheinungsberichten Fragen. So gewiss es ist, dass die Jünger Jesus als Auferstandenen gesehen und diese Erscheinungen als Offenbarungen gedeutet haben – die neutestamentlichen Erscheinungsberichte unterscheiden sich stark voneinander: Sie alle zeigen die Handschrift der Evangelisten; sie alle sind auf langen Überlieferungswegen immer und immer wieder neu erzählt, umgeformt, aufgewertet und ausgerichtet worden. Es wird nicht möglich sein, die unterschiedlichen Wachstumsschichten trennscharf voneinander abzuheben und älteste Kerne von jüngeren Zuwächsen sicher zu unterscheiden. Es hilft auch nichts, die verschiedenen Evangelien gegeneinander auszuspielen. Es hat nicht nur eine Ostererscheinung gegeben, sondern viele. Das resümiert schon Paulus (1 Kor 15,5–11). Die Osterevan-

Katholischen Frauengemeinschaft Deu

Gott ist zu uns gekommen. Diese unglaubliche Botschaft könnte uns zu neuen Menschen befreien. So wie es der Theologe Karl Rahner formulierte:

„Lasst uns gut sein! Wir haben kein Recht, eine bessere Welt zu fordern, wenn wir die Besserung nicht selbst im eigenen Herzen beginnen", schreibt er.
„Lasst uns heute gut sein! Wir brauchen ja gar nicht gierig und ängstlich, böse und bitter zugleich uns gegen die andern zu verteidigen. Gott ist gekommen. Ihn, der alles ist, kann uns niemand nehmen. Er ist unser Bruder. Da geziemt es sich, die Menschenfreundlichkeit und Güte unseres Bruders auch im eigenen Herzen zu tragen, ein mildes Herz zu haben, ein Herz, das verzeiht, ein Herz, das hofft, das still ist und fröhlich, arglos und treu."

gelien bieten nur eine kleine Auswahl aus den überwältigenden Ostererfahrungen (vgl. Joh 20,30–31).
Matthäus berichtet von einer Erscheinung auf dem Berg in Galiläa, Johannes im 21. Kapitel von einer Erscheinung am See Genezareth. Die übrigen Erscheinungsberichte spielen alle in Jerusalem und Umgebung. Es wird nicht gelingen, alle Erzählungen auf eine Linie zu bringen. Am wahrscheinlichsten ist, dass es sowohl in Galiläa als auch in Jerusalem österliche Visionen gegeben hat. Der Schauplatz Galiläa passt zum Anfang der Jesusgeschichte, wo die Nachfolge begann; Galiläa ist die Heimat der Elf. Der Schauplatz Jerusalem passt zum Ort des Grabes Jesu und zum Sitz der Urgemeinde, die sich nicht in Kapharnaum oder Nazareth gebildet hat, weil Jerusalem das Zentrum Israels ist und weil Jesus dort gestorben ist und auferweckt wurde.
Nach Markus und Lukas haben die Frauen im leeren Grab »nur« Engel gesehen, nach Matthäus aber danach den Auferstandenen selbst (Mt 28,9–10). Johannes, das jüngste Evangelium, hat die stärkste Frauenrolle: Maria Magdalena ist überhaupt die erste, die Jesus jenseits des Grabes sieht. Andere Traditionen betonen die Bedeutung des Petrus und der Zwölf.

> »Der Herr ist wahrhaft auferstanden
> und dem Petrus erschienen«,

erfahren nach Lukas die Emmaus-Jünger (Lk 24,34), bevor Jesus den Elf und den anderen Jüngern in Jerusalem erscheint. Ähnlich heißt es in 1 Kor 15,5:

> »Er erschien dem Kephas, dann den Zwölf«.

Um die Frage, wer den Auferstandenen zuerst gesehen habe, sind schon exegetische Kämpfe ausgetragen worden – weil die Antwort kirchenpolitische Konsequenzen zu fordern scheint: Wenn Simon Petrus der Erstzeuge der Auferstehung war, ist dann der Weg in die Papstkirche vorgezeichnet? Wenn Maria Magdalena die erste war, ist dann die Frauenordination geboten?

Die Bibelwissenschaft bleibt nüchtern. Erstens wäre das eine wie das andere ein Trugschluss. Zweitens ist die Frage historisch nicht sicher zu beantworten; die Berichte unterscheiden sich, schließen einander aber nicht unbedingt aus, weil sie in allen Fällen positiv hervorheben, was überliefert ist, ohne andere Traditionen zu verneinen. Entscheidend ist vielmehr, dass es eine Reihe von Erscheinungen vor verschiedenen Zeugen gegeben hat: Maria Magdalena und Petrus, die Zwölf und alle Apostel, Jakobus und Paulus. Der Glücksfall, dass im Neuen Testament vier Evangelien stehen und außerdem die Apostelgeschichte und die Apostelbriefe, erlaubt den Blick auf wenigstens einige der Keimzellen des Osterglaubens, die sich im Glauben der Kirche verbunden haben.

Zur Entstehung des Osterglaubens dürfte wesentlich die Konvergenz zwischen der Entdeckung des leeren Grabe und den Erscheinungen beigetragen haben. Die plausible Erklärung für das leere Grab liefert erst die Erscheinung des Auferstandenen, auf die ja auch im leeren Grab hingewiesen wird. Die Erscheinungen Jesu setzen das leere Grab voraus, weil Jesus wirklich von den Toten auferstanden und den Jüngern leibhaftig erschienen ist.

Verkündigung

Neben den Erzählungen der Evangelien über die Auferstehung Jesu stehen die Predigten der Apostelgeschichte. Ostern ist das große Thema, sowohl wenn Petrus, als auch wenn Paulus die Stimme erhebt, um das rechte Wort zur rechten Zeit zu finden und das Evangelium von Jerusalem bis an die Grenzen der Erde bekannt zu machen. Die Exegese zeigt sich überzeugt, dass der Wortlaut der erzählten Predigten keine Originaltöne wiedergibt, sondern stark von der Handschrift des Lukas geprägt ist, der die Apostelgeschichte verfasst hat. Als antiker Historiker lässt er, angelehnt an den überlieferten Wortlaut, seine Figuren so reden, wie sie gesprochen hätten, wenn sie im Augenblick ihrer Rede ganz sie selbst gewesen wären. Die Stilisierung ist so tiefgreifend, dass es schwer fällt, »echte« Traditionskerne von späteren Ergänzungen zweifelsfrei zu unterscheiden.

Aber die Stilisierung der Missionsreden bringt doch wesentliche Elemente des Osterglaubens und der neutestamentlichen Auferstehungstheologie zur Geltung. So wie Jesus setzen auch die Apostel auf die Macht des Wortes. Nicht mit Gewalt, sondern nur mit geduldiger Überzeugungsarbeit kann der Glaube verbreitet werden. Je glaubwürdiger der Redner, je feuriger die Begeisterung, je klarer der Kopf, desto größer die Wirkung. Dass keine noch so gute Rede den Erfolg garantiert, muss ausgerechnet Paulus auf dem Areopag erfahren, da er von der Auferstehung zu sprechen beginnt und ihn die Philosophen, mit denen er sich auseinandersetzt, auf ein andermal vertrösten (Apg 17,32).

Jede Rede, die von der Auferstehung Jesu handelt, ist Verkündigung, weil sie eine Gute Nachricht produziert. Gerade in der Apostelgeschichte wird immer wieder betont, dass sie nicht der Belastung und Beschämung derer dient, die Jesu Tod zu verantworten haben (denn sie haben nicht gewusst, was sie tun), sondern neue Möglichkeiten der Umkehr, des Glaubens, der Nachfolge eröffnet. Die Verkündigung ist ein Zeugnis des Glaubens: Die Apostel brauchen Mut, auch gegen Predigtverbote zu verstoßen: »Man muss Gott mehr gehorchen als den Menschen« (Apg 5,29), erklärt Petrus und setzt damit ein deutliches Zeichen für Meinungs- und Religionsfreiheit.

In den Predigten der Apostelgeschichte wird die Geschichte Jesu in knappen Stenogrammen nacherzählt, bis hin zu Tod und Auferstehung. Das Glaubenszeugnis, das Petrus und Paulus ablegen, besteht im Kern darin, von den geschichtlichen Erfahrungen zu erzählen, die den trägen Herzen der Jünger Auftrieb gegeben und sie zur Erkenntnis des auferstandenen Herrn geführt haben: Nicht nur, dass die Jünger erst nach Ostern die Verkündigung des irdischen Jesus richtig zu verstehen beginnen; in den Erscheinungserfahrungen ist vor allem der Jubel des Ostertages nach der Katastrophe des Karfreitages angelegt, aber auch die Scham nach dem Versagen in der Passion und die Erleichterung über die Vergebung.

Wie die Osterpredigten vom Ostergeschehen erzählen müssen, damit die Verkündigung Substanz hat, so müssen die Ostererzählungen verkündigen, damit sie dem Geschehen gerecht werden. Das Ostergeschehen verlangt und weckt Glauben. Es ist eine unglaublich gute Geschichte.

Wenn sie erzählt wird, ist sie die Frohe Botschaft schlechthin: der Sieg über den Tod, ein für allemal. In der Predigt braucht man nichts hinzuzufügen, nichts auszuschmücken. Es reicht, nichts Wesentliches wegzulassen.
Predigten sind keine argumentativen Abhandlungen, sondern Anreden. Sie erschließen den Zuhörern den Sinn des Geschehens; sie zeigen, was es sie angeht. In den Reden der Apostelgeschichte, die Lukas wohl nicht als Muster, sondern als Grundlage kommender Predigten gesehen hat, wird die Aktualität nicht künstlich hergestellt, sondern aus der Mitte des Ostergeschehens selbst abgeleitet: Jesus ist durch die Auferstehung gegenwärtig; die Osterpredigten der Apostel sprechen diese Gegenwart an und machen sie deutlich. Die Auferstehung Jesu ist das A und O des Heilshandelns Gottes; die Osterpredigten des Neuen Testaments bezeugen den Hörern, dass sie in die Ostergeschichte hineingehören, weil sie, wenn sie glauben, von ihr unmittelbar profitieren: Ihnen wird das Heil zuteil, das Jesu Auferstehung wirkt.
Dazu müssen die Predigten das epochale Ostergeschehen in die Heilsgeschichte einordnen. Das geschieht erstens durch die Reflexion der Auferstehung im Licht der Heiligen Schrift, der Bibel Israels, zweitens durch die Rückbindung der Osterbotschaft an die Predigt Jesu, drittens durch die Öffnung des österlichen Horizontes für die Geschichte der Mission und der Kirche, viertens durch den Ausblick auf die Endzeit. Diese Zusammenhänge lassen sich besser durch besprechende als durch erzählende Worte erhellen. Deshalb gehört die Predigt, die öffentliche Verkündigung, von Anfang an zur Sprache christlicher Theologie.

Credo

Das Erzählen und Verkünden zielt auf den Glauben. Der Glaube ist ein Vertrauen auf Gott, das zum Bekenntnis wird, indem er sowohl den Grund als auch den Gegenstand des Vertrauens benennt – und zugleich weiß, dass kein anderer das Glauben bewirkt als der, dem er gilt: Gott.
Im Neuen Testament finden sich aus frühester Zeit Credoformeln, die aus dem Gottesdienst der Urgemeinde stammen. Sie streben in erstaunlicher Schnelligkeit in himmlische Höhen. Keine zwanzig Jahre ist Jesus tot, und es wird in breiten Strömungen des Urchristentums von seiner Präexistenz und seiner Menschwerdung, seinem stellvertretenden Sühnetod, seiner Auferstehung und Erhöhung, auch von seiner Wiederkunft gesprochen. Die Auferstehung steht von Anfang an im Zentrum.
Viele der Glaubensbekenntnisse sind glücklicherweise durch die Briefe des Apostels Paulus und seiner Schule überliefert worden. Viele halten den Apostel selbst für den Erfinder des Christentums; er habe sich die (angeblich) komplizierte Theologie des Todes und der Auferstehung Jesu ausgedacht, um die (angeblich) einfache Lehre Jesu zu verdrängen. Tatsächlich sind aber die entscheidenden Aussagen an den Schaltstellen der Paulusbriefe vom Apostel nicht erfunden, sondern gefunden worden. Er zitiert gerne – ausdrücklich oder stillschweigend – aus Traditionen der Urgemeinde, die in den Zusammenhang der Taufe und der Eucharistie aber auch der Katechese gehören. Denn dem Apostel Paulus und seinen Schülern ist es wichtig, die Gemeinden nicht auf ihre eigenen Lieblingsideen, Privatoffenbarungen und Spezialthemen festzulegen, sondern ihnen den Glauben so vorzulegen, wie er von allen

Aposteln verkündet und in der ganzen Kirche geteilt wird (1 Kor 15,11). Wenn es auch nur erst wenige Gemeinden gegeben hat, sind hier doch Kennzeichen der Kirche vorgebildet, die sich später ausgeformt haben.
Dass die Zugehörigkeit zur Kirche – nur – am Glauben hängt und dass dieser Glaube ein Vertrauen auf Gott ist, das sich in bestimmten Bekenntnissätzen ausspricht, ist ein Spezifikum des Christentums. Jesus selbst hat zum Glauben an das Evangelium gerufen (Mk 1,15); die Apostel und alle Jünger tun dies nachösterlich ebenfalls. Bei Jesus steht die Hoffnung auf das Kommen der Gottesherrschaft im Vordergrund, das mit einem (ausdrücklichen oder indirekten) Bekenntnis zur Person Jesu Christi verbunden ist. Nachösterlich wird dieses Thema nicht vergessen, aber es kommen Jesu Tod und Auferstehung hinzu. Darauf – und auf die Präexistenz wie die Inkarnation – konzentrieren sich die Credoformeln des Urchristentums: im Horizont der Hoffnung auf Vollendung.
Wie das Kommen der Gottesherrschaft ist auch die Auferstehung Jesu von den Toten eine Glaubenssache. Nur wer die Welt mit Gottes Augen zu sehen versucht und nur wer über die Grenzen des Natürlichen, des Machbaren, des Alltäglichen hinauszuschauen wagt, kann mit der Möglichkeit rechnen, dass Jesus recht hat, wenn er Gottes Herrschaft verkündet, und dass die Apostel recht haben, wenn sie die Auferstehung Jesu verkünden (die Jesus selbst auch schon prophezeit hat). Umgekehrt ist die Auferstehung wie die Gottesherrschaft kein möglicher Gegenstand natürlichen Wissens, sondern ein Gegenstand inspirierten Glaubens. Dieser Glaube ist nicht irrational, aber er überschreitet die Grenzen der Vernunft, sonst wäre er nicht

Glaube. Er verbindet Himmel und Erde; aber er verliert nicht den Boden unter den Füßen. Er hat ein Auge für das Handeln Gottes in der Geschichte.

Der Glaube gewinnt in den Bekenntnisformeln eine präzise Sprache. Die Präzision ist aus zwei Gründen erforderlich. Erstens muss das Ereignis möglichst genau beschrieben werden. Einigen Bekenntnistexten des Neuen Testaments merkt man noch ein wenig die Suche nach Genauigkeit an. Aber die wesentlichen Schlüsselworte sind schnell gefunden und finden sich bis heute im Glaubensbekenntnis, im Katechismus und in der Theologie: Auferstehung und Auferweckung, Erhöhung, Menschwerdung, Fleischwerdung, Entäußerung und Erniedrigung, Offenbarung und Erscheinung, Davids- und Gottessohnschaft, Schöpfungs- und Erlösungsmittlerschaft.

Zweitens ist eine präzise Formulierung erforderlich, weil die Glaubensbekenntnisse nicht den Glauben einzelner, sondern der ganzen Gemeinschaft ausdrücken sollen; das, wozu alle, ohne sich zu verbiegen, »Amen« sagen können: Ja, so ist es. Die Gemeinschaft kann und darf sich aber auf nichts anderes einigen als auf den, der sie alle verbindet: Jesus Christus. Die paulinischen Zitate von Glaubensformeln, die er in seine Briefe einflicht, werden bereits einen längeren Prozess der Auswahl und Optimierung hinter sich haben. So wie Paulus und seine Schüler sie zitieren, haben sie dann die weitere Bekenntnisbildung geprägt. Die Kirche hat sich zwar nicht sklavisch an die neutestamentlichen Wendungen gehalten, aber sie hat die entscheidenden von der apostolischen Zeit bis heute weiter überliefert.

Überlieferung

Die Bekenntnisformeln sind sehr alt. Die Paulusbriefe, in denen sich die wichtigsten finden, sind deutlich früher geschrieben worden als die Evangelien. Deshalb setzen viele bibelwissenschaftlichen Darstellungen bei den Bekenntnisformeln an, zumal wenn sie in den Ostergeschichten der Evangelien viel Legendarisches sehen und in den Predigten der Apostelgeschichte Zeugnisse lukanischer Theologie. Oft liest man, die Bekenntnisse seien alt, die Erzählungen hingegen jung und die Predigten spät.

Doch führt dieses Vorgehen schnell zu einem Primat des Begriffs vor der Anschauung und der Theorie vor der Praxis. Tatsächlich steht jedoch am Anfang die Erfahrung der Auferstehung Jesu, einerseits im leeren Grab, andererseits in den Erscheinungen des Auferstandenen. Die erschütternde Erfahrung der ersten Jünger, dass Jesus von den Toten auferstanden ist, äußert sich elementar in Erzählungen. Was geschehen ist und erzählt werden will, drängt zur Verkündigung, damit die Zusammenhänge, in denen das Geschehen steht, offen angesprochen werden – so dass man sie später auch vernünftig diskutieren kann. Die Verkündigung zielt auf den Glauben, der sich im Bekenntnis artikuliert.

Insofern gibt es die elementare Reihenfolge Erzählen – Verkünden – Bekennen. Doch sind die tatsächlichen Verhältnisse komplizierter. Denn das österliche Glaubensbekenntnis ist nicht erst nachträglich zu den im Neuen Testament gesammelten Erzählungen entstanden, sondern bestimmt schon die Auswahl dessen, was erzählt wird, ebenso wie den Ton des Erzählens und die Perspektive der Erzähler und Hörer. Das gilt nicht erst für die (tatsächlich oder vermeintlich) späten Ostergeschichten der Evangelien, sondern für das Erzählen von Anfang an. Ja, die Erfahrung der Auferstehung wäre ohne das vorauslaufende Bekenntnis zum einen Gott und ohne den vorösterlichen Jesusglauben gar nicht zu machen gewesen. Die Predigten wecken nicht nur, sie bezeugen auch den Glauben. Sie sind als Zeugnis immer auch Bekenntnis.

Umgekehrt haben die Bekenntnisformeln des Neuen Testaments erzählenden Charakter. Bis heute bildet das Credo vom ersten Artikel »Ich glaube an Gott, den Schöpfer des Himmels und der Erde« bis zum letzten Artikel »die Auferstehung der Toten und das ewige Leben« die große Erzählung der gesamten Bibel ab, die von der Genesis bis zur Johannesoffenbarung mit ihrer Vision des himmlischen Jerusalem reicht und ihre Mitte in Jesus Christus findet, dem von den Toten Auferstandenen. Aber auch wo nur Ostern im Blick steht, sind die ältesten Kurzformeln zugleich Kurzgeschichten des Glaubens. Denn sie spekulieren ja nicht, sondern identifizieren. Im vielleicht ältesten Bekenntnis des Glaubens, das überliefert ist, 1 Kor 15,3–5, entspricht die Abfolge der Verben »gestorben – begraben – auferweckt – erschienen« der Grundstruktur der Passionsgeschichte.

Ohne die Erzählungen blieben die Begriffe leer, ohne die Begriffe die Geschichten blind. Das Grundbekenntnis der Gemeinde ist in der Engelsbotschaft an die Frauen im Grab vorgebildet, und die markinische Erzählung der Verkündigung ist dem Bekenntnis nachgebildet. Für das Neue Testament ist das Miteinander von Erinnerung und Hoffnung kennzeichnend, das den Glauben prägt und eine Vielzahl von Gattungen hervorgebracht hat, zwischen denen es zahlreiche Wechselwirkungen gibt, grundlegend die Erzählungen, die in die Evangelien eingegangen sind, die Predigten, die in der Apostelgeschichte nacherzählt werden, aber auch in den Briefen Spuren hinterlassen haben, und die Bekenntnisformeln, die ihrerseits das Ostergeschehen zur Sprache bringen.

Der Kanon des Neuen Testaments bewahrt diese Vielzahl und Vielfalt der sprachlichen Formen auf. Im Kanon sind die Unterschiede und Widersprüche der Evangelien auch nicht ausgeglichen (wohl aber sind die apokryphen Evangelien ausgegrenzt, die allerdings meist viel jünger sind und keinerlei historische Substanz haben, manchmal auch problematische theologische Tendenzen verfolgen). Die unterschiedlichen Formen werden nebeneinander gestellt, weil sie viele Gemeinsamkeiten haben und einander nicht ausschließen, sondern verschiedene Sichtweisen bezeugen, die einander ergänzen und begrenzen.

Der Kanon ist kein Dekret kirchlicher Machthaber, sondern das Ergebnis einer intensiven, verbindlichen Überlieferung durch die Christen der ersten Generationen. Diese Überlieferung ist dadurch geprägt, dass sie den vier Evangelien Vertrauen schenkt: das Grundvertrauen, Gott so zu bezeugen, wie er sich durch Jesus Christus geoffenbart hat, nicht nur im Leben, sondern auch in der Auferstehung von den Toten.

ZU DEN WURZELN: ISRAELS HEILIGE SCHRIFTEN

Drittes Kapitel

Im wahrscheinlich ältesten Glaubensbekenntnis, das vielleicht bis auf die Jerusalemer Urgemeinde zurückgeht (1 Kor 15,3–5), heißt es gleich zweimal »gemäß den Schriften«. Beide Hauptaussagen des Credo – dass Jesus »für unsere Sünden gestorben« ist und dass er »am dritten Tag auferweckt« worden ist – sind durch diese Wendung ausgezeichnet. Die »Schriften« sind die Heiligen Schriften Israels, das sogenannte Alte Testament. (Der Plural erklärt sich daraus, dass es die Bibel damals nicht als ein gebundenes Buch, sondern in Form mehrerer Schriftrollen gab.) Mit dem Hinweis auf die Bibel Israels ist der entscheidende Horizont aufgeschlossen, in dem sich das Ostergeschehen verstehen lässt, der Tod Jesu ebenso wie die Auferstehung Jesu von den Toten. Das Bekenntnis, das Paulus überliefert, geht in seiner Aussage sehr weit. Es sagt nicht nur, dass sich die Rede über Tod und Auferstehung an der Heiligen Schrift Israels schulen muss. Es sagt vielmehr, dass das Ostergeschehen selbst schriftgemäß ist. Das »gemäß den Schriften« verweist auf die Identität Gottes. Es ist ein und derselbe, der einzig-eine Gott, der sich dem Volk Israel offenbart hat, so dass die Heilige Schrift hat entstehen können, den Jesus als »Vater« anredet und der Jesus von den Toten auferweckt hat.

Österliche Exegese

Die grundlegende Bedeutung der Heiligen Schrift erklärt nach dem Lukasevangelium auch der Auferstandene selbst den Emmaus-Jüngern, die vor Trauer und Unsicherheit nicht mehr ein noch aus wissen. Der unbekannte Wanderer, der sich ihnen zugesellt, kein anderer als Jesus, öffnet ihnen den Zugang zum Geheimnis des Glaubens (durch den sie aber erst später gehen werden, nachdem er ihnen auch das Brot gebrochen hat):

> »Angefangen von Mose und von allen Propheten legte er ihnen in allen Schriften aus, was ihn betraf« (Lk 24,27).

Die Schriften erhellen danach nicht nur ein paar Details des Lebens und der Botschaft Jesu, sondern führen hin zum Ganzen seiner Sendung und seiner Person, einschließlich seines Todes und seiner Auferstehung. Lukas formuliert mit großem Bedacht. Er zielt nicht darauf ab, dass an einzelnen Stellen des Alten Testaments Tod und Auferstehung Jesu buchstäblich vorhergesagt wären. Er zeichnet vielmehr einen Weg des Verstehens, der bei der Grundbotschaft ansetzt, die Mose und die Propheten verkünden, immer das Ganze der Bibel im Auge hat und so zu Jesus führt. Der entscheidende Punkt ist der Monotheismus. Ohne den Glauben an die Einzigkeit Gottes wäre der

Glaube an die Auferstehung Jesu unsinnig. Wofür das Neue Testament eintritt: dass der Auferstehungsglaube die Konsequenz des Glaubens an den einen Gott ist.

Nach Lukas wird dieser Ansatz in der folgenden Erscheinung Jesu vor den Elf und allen anderen Jüngern doppelt verstärkt. So wie Jesus den Evangelien zufolge auch schon vorösterlich davon geredet hat, dass er leiden und auferstehen müsse, klärt er die Jünger auch in seiner Erscheinung am Ostertag darüber auf, dass »alles erfüllt werden muss, was im Gesetz des Mose und den Propheten und Psalmen über mich geschrieben steht« (Lk 24,44), dass nämlich »der Messias leidet und am dritten Tage aufersteht« (Lk 24,46). Dass »Muss« erklärt sich nicht aus einem Rachebedürfnis Gottes, sondern aus der Erlösungsbedürftigkeit der Menschen: Es ist der Weg hingebungsvoller Gottes- und Nächstenliebe, der Jesus ans Kreuz führt. Die inspirierte Schrift sieht voraus, was sich ereignen muss, wenn der Messias in diese Welt kommt: dass er auf Widerspruch stößt, aber diesen Widerspruch erduldet, um durch Hingabe die Sünder zu erlösen und die Verlorenen zu retten.[8]

Die Schwelle der Hoffnung überschreiten

Jede religions- und literaturgeschichtliche Analyse des Alten Testaments zeigt allerdings, dass dort der Auferstehungsglaube lange Zeit nicht bekannt gewesen ist. Alt und lebenssatt zu sterben, war das höchste der Gefühle. Die Unterwelt ist das Schattenreich des Todes, in dem die Gestorbenen dahinsiechen. Erst spät bricht die Hoffnung sich Bahn, dass mit dem Tod nicht alles aus sein könnte und es einen neuen Himmel, eine neue Erde geben werde, in der die Gerechten sich ihres Gottes erfreuen. An den biblischen Texten wird diese Hoffnung erstmals im Buch Daniel greifbar, das zwar im Babylonischen Exil spielt, aber wohl erst im zweiten Jahrhundert v. Chr. aufgezeichnet worden ist. Zum apokalyptischen Szenario des Endes gehört dort die Vision der Auferstehung:

> »Viele, die schlafen im Land des Staubes, sie werden erwachen, die einen zum ewigen Leben, die anderen zur Schmach, zu ewigem Abscheu« (Dan 12,2).

Die apokalyptische Hoffnung der Totenauferstehung ist im Alten Testament besonders den Makkabäerbüchern eingeschrieben. Die jüdischen Frommen, die für das Gesetz und für das Volk ihr Leben hingeben, weil sie brutal verfolgt werden, tun es in der Hoffnung auf das ewige Leben, das Gott seinen Frommen bereitet.

Die Keimzelle des Auferstehungsglaubens ist die Vitalität des Gottesglaubens, verbunden mit der Theodizeefrage: Es kann nicht sein, dass auf ewig die Täter über die Opfer triumphieren. Damit Gott aber seine Gerechtigkeit aufrichten kann, muss es zur Auferstehung der Toten und zum Jüngsten Gericht kommen. Sonst blieben die gedemütigten Frommen, die unschuldig Leidenden, die benachteiligten Gerechten immer auf der Verliererstraße. Die Auferstehung aber bahnt ihnen den Weg des Lebens.

Der Auferstehungsglaube ist im Judentum zur Zeit Jesu (und bis heute) umstritten. Es gibt starke Strömungen, die ihn unterstützen, darunter die Pharisäer, und starke, die ihn ablehnen, darunter die Sadduzäer, die Jerusalemer

Priesterschaft. Wenn die neutestamentlichen Autoren die Bibel Israels als Zeugnis für den Messias, das Reich Gottes und die Auferstehungshoffnung lesen, dann tun sie dies im Widerspruch zu denen, die dieser Hoffnung mit Skepsis begegnen, und im Dialog mit denen, die von ihr nicht lassen. Im Neuen Testament sind die Figuren der lukanischen Kindheitsgeschichte besonders eindrucksvolle Beispiele für die lebendige Auferstehungs- und Erlösungshoffnung im Frühjudentum: Elisabeth und Zacharias, Maria und Joseph, Simeon und Hanna.

Im Licht der apokalyptischen Bilder vom Ende der Geschichte und vom Anfang des ewigen Lebens werden auch die älteren Texte des Alten Testaments neu gelesen. Es werden ihnen Bedeutungen abgewonnen, die über den exegetisch zu erhebenden Ursprungssinn weit hinausgehen. Doch diese Deutungen sind nicht willkürlich, sondern erschließen das Sinnpotential so, wie es der Sinnrichtung der Texte in einer neuen Zeit, einem neuen Horizont und einer neuen Einsicht entspricht.

Im Blick auf Ostern sind aber nicht nur Zeugnisse einer allgemeinen Auferstehung der Toten relevant, sondern speziell einer Hoffnung auf die Auferstehung des Messias. Diese Hoffnung hat immer mit dem Skandal des Kreuzes zu kämpfen. Noch Anfang des zweiten Jahrhunderts lässt Justin seinen jüdischen Gesprächspartner Tryphon fordern: »Deutlich ist, dass die Schrift einen leidenden Messias verkündet. Wissen möchten wir aber, ob du auch beweisen kannst, dass das auch für das im Gesetz verfluchte Leiden gilt«[9]. Mit dem »im Gesetz verfluchten Leiden« ist der Kreuzestod gemeint, an dem nach Dtn 21,23 der Fluch Gottes klebt. Die Schriftreflexion des Ostergeschehens muss daher beim Tod Jesu auf Golgatha ansetzen; sonst würde alle schriftgelehrte Auferstehungstheologie verpuffen.

Der Skandal des Kreuzes

Im Neuen Testament wird die Schrift zitiert, um den Skandal des Kreuzes nicht zu vertuschen, sondern aufzudecken. Es geht aber nicht darum, diejenigen zu belasten, die für den Tod Jesu verantwortlich sind. Sondern es geht darum zu verstehen, weshalb Jesus den Kreuzweg bis zum Ende gegangen ist, obwohl das, wie Paulus schreibt, den Griechen ein Irrwitz, den Juden ein Stein des Anstoßes ist (1 Kor 1,18–27).

Für das Neue Testament gibt es verschiedene alttestamentliche Typen, die eine Ahnung vom Geschick Jesu vermitteln: dass sein Tod nicht das Scheitern seiner Person bedeutet, sondern in der Konsequenz seiner Sendung liegt, und dass dieser Tod nicht das Sündenkonto der Menschheit weiter belastet, sondern die Schuld der Menschen tilgt.

Stephanus stellt nach seiner Rede in der Apostelgeschichte den Zusammenhang zu den Propheten Israels her:

> »Welchen Propheten haben eure Väter nicht verfolgt? Getötet haben sie, die das Kommen des Gerechten vorangekündigt haben« (Apg 7,52).

Dieser pauschale Vorwurf, den auch Paulus kennt (1 Thess 2,14), ist kein Zeugnis des frühen Antijudaismus (Stephanus und Paulus sind ja selbst Juden), sondern nimmt eine

Lehre der Geschichte auf, die Israel in seiner – selbstkritischen – Geschichtsschreibung gezogen hat:

> »Sie töteten deine Propheten, die ihnen Zeugnis ablegten, dass sie sich zu dir bekehren sollten« (Neh 9,26).

Die Parallele zwischen den verfolgten Propheten und Jesus zu ziehen, erklärt noch nicht die Heilsbedeutung des Kreuzes, zeigt aber aus der Glaubenserfahrung Israels heraus, dass ein Zusammenhang zwischen dem prophetischen Wirken und dem prophetischen Leiden Jesu besteht. In der ältesten Evangelientradition finden sich Texte, die stark darauf hindeuten, dass auch Jesus selbst sein drohendes Leiden als Prophetengeschick gesehen hat, z.B. das Gleichnis von den bösen Winzern, die nach den Gesandten auch den Sohn des Besitzers peinigen und töten (Mk 12,1–12 parr.), und das Bildwort von der Henne und ihren Küken, das Jesus auf seine vergebliche Sorge um Jerusalem bezieht (Lk 13,34–35 par. Mt 23,37–39).
Nach der Markuspassion ist Jesus mit den Worten: »Gott mein Gott, warum hast Du mich verlassen?« gestorben (Mk 15,34). Das ist kein Ausdruck abgrundtiefer Verzweiflung, sondern unbändiger Hoffnung. Denn Jesus zitiert Ps 22, das Klagelied des leidenden Gerechten, der gegen alle Hoffnung doch hofft und selbst dort noch an seinem Gott festhält, wo der ihn im Stich gelassen zu haben scheint. Die Figur des leidenden Gerechten hat sich dem Gedächtnis Israels tief eingebrannt. Sein Leiden verweist keineswegs auf eine verborgene Sünde des Leidenden selbst, sondern auf offenes Unrecht in der Welt, in der er

lebt. Jesu Leiden, als Leiden des Gerechten gedeutet, gewinnt zwar noch keine Heilsbedeutung, ist aber doch als extreme Konsequenz messianischen Wirkens vorstellbar. Das räumt ja auch Tryphon ein, der wahrscheinlich an den durchbohrten Messias denkt, den der Prophet Sacharja vor Augen gestellt hat (Sach 12,10).
Noch weiter führt allerdings das Vierte Lied vom Gottesknecht Jes 53, das in der Karfreitagsliturgie gelesen wird. Denn dort ist nicht nur vom unschuldigen Leiden eines Gerechten die Rede, sondern auch von der Bitte des Opfers, sein Leiden möge den Tätern nicht angerechnet werden, sondern von Gott sogar noch als Mittel gebraucht werden, die Schuld zu vergeben. Die Bedeutung dieses Liedes für die Deutung des Todes Jesu ist deshalb so groß, weil – nur – mit seiner Hilfe gesagt werden kann, dass Jesus nicht nur bereit war, um der Treue zu seiner Sendung willen den Preis des Leidens zu zahlen, sondern dass er dieses unschuldige Leiden angenommen und zu einem Teil seiner Heilssendung gemacht hat. So ist Jesus nicht trotz, sondern wegen des Kreuzes der Retter der Welt.

Das Wort der Psalmen

Den Tod Jesu als schriftgemäß zu verstehen, ist das eine; seine Auferstehung ins Licht der Bibel Israels zu stellen, das andere. Zwischen beidem gibt es eine Brücke, weil das Vierte Lied vom Gottesknecht auch dessen Tod und Erhöhung ins Auge fasst, was jedenfalls im Rückblick auf Jesus kaum ohne Auferstehungsglauben gedeutet werden kann. Während aber die alttestamentlichen Deutungen des Todes die Anstößigkeit des Kreuzes als Kehrseite seiner Heils-

bedeutung sichtbar machen sollen, geht es in der Auferstehungstheologie um die Frage, ob es auch in der Bibel Israels die Vision einer Auferstehung des Messias gibt.
Eine erste Antwort geben die Predigten der Apostelgeschichte. Sie gehen auf alttestamentliche Texte zurück, die im Christentum messianisch gelesen und im Zug einer die Endzeiterwartung forcierenden Lektüre mit der Auferweckungshoffnung verknüpft worden sind.
Ein Musterbeispiel liefert (nach lukanischer Darstellung) die Pfingstpredigt des Petrus. Der Apostel referiert das wesentliche Ereignis des Todes und der Auferstehung Jesu, um dann mithilfe der Schrift zu erhellen, dass das, was nach menschlichem Ermessen einen schreienden Widerspruch bedeutet, Gottes Heilswillen entspricht. Petrus zitiert David (als den überlieferten Autor) mit Ps 16,8–11 in der Fassung der Septuaginta, der griechischen Bibelübersetzung (Apg 2,25–28):

> »Ich habe den Herrn für immer vor Augen,
> weil er mir zur Rechten steht,
> ich wanke nicht.
> Darum freut sich mein Herz und jubelt meine Zunge,
> ja, auch mein Fleisch wird ruhen in Hoffnung,
> denn du lässt meine Seele nicht in der Unterwelt,
> noch lässt du deinen Gerechten die Verwesung schauen.
> Du hast mir die Wege des Lebens gezeigt;
> du wirst mich mit Freude erfüllen vor deinem
> Angesicht.«

Ursprünglich beschreibt dieser Psalm wohl das irdische Leben eines Frommen, der sich der Nähe, des schützenden Beistandes Gottes gewiss ist. Gott wird ihn vor dem Tode bewahren. In der neutestamentlichen Lektüre aber wird der Horizont für das ewige Leben geweitet. Das »Immer« bekommt einen neuen Klang. Gott, der »zur Rechten steht«, ist das Gegenüber des Davidssohnes, der zur »Rechten Gottes erhöht« ist (Ps 110,1). Petrus bezieht den Vers auf das ewige Leben, jenseits des Todes. David redet dann von der Unsterblichkeit der Seele und der Auferstehung des Fleisches. Während der hebräische Psalmtext sagt, dass Gott seinen Gerechten vor dem Grabe bewahrt, rettet er ihn nach der Septuaginta vor der Verwesung. In diesem Unterschied hat die Theologie der drei österlichen Tage Platz. Die Auslegung des Petrus besteht nur darin, darauf aufmerksam zu machen, dass David schwerlich von sich selbst gesprochen haben kann, da er ja gestorben ist und sein Grab verehrt wird »bis auf den heutigen Trag« (Apg 2,30). Was aber für David gilt, das stimmt für alle Könige Israels. Deshalb komme – da das geisterfüllte Schriftwort unzweifelhaft richtig sein muss – nur eine messianische Deutung in Betracht. Petrus kann sich dann auf das Glaubenszeugnis beschränken, dieser Messias sei kein anderer als Jesus von Nazareth. Denn er könne bezeugen, dass sich an diesem durch die Auferstehung von den Toten das Psalmwort bewahrheitet habe. Eine ganz ähnliche Argumentation entwickelt nach Apg 13,35–37 Paulus bei seiner ersten Missionsrede in der Synagoge von Antiochien in Pisidien. Lukas ist es wichtig, die tiefe Übereinstimmung zwischen Paulus und Petrus zu zeigen; sie wurzelt in der gemeinsamen Lektüre der Bibel Israels.

Petrus fügt, so Lukas, auf dem Höhepunkt seiner Rede einen zweiten Psalm an, der mit Ps 16 verwandt ist. Das Argument: So wenig David, obwohl ein Gerechter, vor der Verwesung bewahrt wurde, so wenig ist er in den Himmel aufgefahren. Das bezeuge er selbst im Eröffnungsvers von Ps 110 (Apg 2,34–35):

> »Es sprach der Herr zu meinem Herrn:
> Setz dich mir zur Rechten,
> bis ich dir deine Feinde zu Füßen gelegt habe.«

Auch dieser Psalm ist, historisch-kritisch gelesen, ursprünglich kaum ein Ausdruck des Glaubens an die Auferstehung des Messias, sondern die bildstarke Verheißung eines königlichen Sieges im Namen Gottes. Aber im Raum der Herrschaft Gottes, wie Jesus ihn geöffnet hat, gewinnt dieser Psalm neue Dimensionen. Nach Mk 12,35–37 und den Parallelen bei Matthäus und Lukas hat Jesus selbst den Psalm zitiert. Er kehrt mit ihm die herrschende Christologie der Schriftgelehrten um, die den Messias als Davidssohn von Israels großem König abhängig sein lässt, und führt stattdessen David als Zeugen der Hoffnung auf den messianischen Gottessohn an, der um der Hoffnung Israels willen als Davidssohn aufgetreten ist und sich hat anrufen lassen (vgl. Mk 10,46–52 parr.). Ps 110 ist ein Eckstein neutestamentlicher Auferstehungstheologie geworden.

Der Eckstein

Petrus hat das Reservoir alttestamentlicher Psalmverse zur Deutung der Auferstehung Jesu in der Pfingstpredigt nicht ausgeschöpft. Nach Apg 4,11 zitiert er vor dem Hohen Rat (ohne ausdrückliche Quellenangabe) Ps 118,22:

> »Dieser ist der Stein,
> der von den Bauleuten verworfen wurde,
> aber zum Eckstein geworden ist.«

Der buchstäbliche Sinn des Psalmwortes bezieht sich auf den Tempel in Jerusalem. Ps 118 ist eine poetische Dankliturgie, die zum gemeinsamen Gottesdienst von Juden und Heiden auf dem vollendeten Zion vorausblickt. Der Eckstein ist derjenige Stein, der als erster gelegt wird, damit man das Fundament an ihm ausrichten kann. Dieser Stein aber ist nach Ps 118 der Gerechte, der das Lied im Chor der Gemeinde singt. Über die früh ausgebildete Brücke, dass Jesus der ideale Beter der Psalmen ist, führt der Weg zur Identifizierung des Gerechten mit Jesus. So wie nach 1 Kor 3,10–17 Jesus das Fundament der Kirche ist, auf dem der ganze Bau errichtet wird, ist er nach der von Lukas überlieferten Petrusrede der Eckstein dieses Fundaments. Die Pointe aber ist die Dialektik von Verwerfung und Erwählung. Der von den Menschen Verworfene ist der von Gott Erwählte. Diesen paradoxen Zusammenhang bringen weder Ps 16 noch Ps 110 zum Ausdruck, weil sie allein von Gottes Handeln sprechen; Ps 118 aber baut den Gegensatz zwischen menschlicher Schuld und göttlicher Gerechtigkeit auf.

Das Zitat des Psalms in Apg 4,11 steht nicht allein, sondern in ähnlichen Zusammenhängen wie Ps 110. Denn nach Markus hat auch Jesus den Psalm zitiert, und zwar zur Deutung des Winzergleichnisses, das mit dem Mord des geliebten Sohnes das Prophetengeschick Jesu ins Bild setzt (Mk 12,1–12). Das wird zwar von der Forschung nahezu einhellig als nachösterlicher Einschub bewertet, zeigt aber doch die Möglichkeit eines Brückenschlages zwischen der Jesusgeschichte und der Osterverkündigung mithilfe christologischer Psalmlektüre. Der Erste Petrusbrief zieht die Interpretationslinie weiter aus. An der Frage, ob der Eckstein – Jesus Christus – verworfen oder verehrt wird, entscheidet sich die Zugehörigkeit zu Jesus Christus und damit zur königlichen Priesterschaft, die in der Welt Gott die Ehre gibt (1 Petr 2,1–10).

> MIT BLICK NACH JERUSALEM: DIE PROPHETIE JESU
Viertes Kapitel

Nach den Evangelien hat Jesus seine Jünger auf seinen Tod und seine Auferstehung vorbereitet. Matthäus erzählt, auch seinen Gegnern in Jerusalem sei dies nicht verborgen geblieben; deshalb hätten sie sein Grab extra stark bewacht (Mt 27,62–66).

Allerdings hat die historisch-kritische Exegese ein Fragezeichen hinter die Historizität der Überlieferung gesetzt; der österliche Christusglaube der Kirche sei nachträglich Jesus in den Mund gelegt worden; die Leidens- und Auferstehungsansagen seien sekundäre Zusätze, unechte Prophetien. Doch ist das etwas zu schnell geurteilt.

Es kann zwar keinen Zweifel geben, dass die Evangelien von einem nachösterlichen Standpunkt aus geschrieben worden sind. Insofern ist es ratsam, bei österlichen Motiven große methodische Vorsicht walten zu lassen. Aber gegen die These einer nachträglichen Interpolation gibt es Einwände.[10] Die Osterevangelien sind an den entscheidenden Stellen Erinnerungen an die Verkündigung Jesu selbst. Nach den Evangelien hat die Auferstehung die Prophetie Jesu bewahrheitet. Man müsste also mit einer doppelten Projektion rechnen: Einerseits würde von Ostern her die Auferstehungsverheißung über die Verkündigung Jesus geblendet, andererseits aber die Osterbotschaft vom Wort Jesu her entwickelt. Ein solches Manöver ist nicht auszuschließen. Aber leichter ist die Erklärung, dass die Querverbindungen ein geschichtliches Fundament haben. Im österlichen Blickwinkel verstärken sich die Erinnerungen an die Verkündigung Jesu, und von Jesus her erklärt sich, was Auferstehung bedeutet.

Das Reich Gottes und das ewige Leben

Jesus hat das Reich Gottes verkündet. Dazu gehört untrennbar die Verheißung ewigen Lebens. »Was muss ich tun, um das ewige Leben zu gewinnen?«, wird Jesus vom reichen Jüngling gefragt (Mk 10,17 parr.). Ohne Auferstehungshoffnung wäre die Frage, wäre auch die Antwort Jesu sinnlos, die zuerst auf die Zehn Gebote und dann auf die Nachfolge verweist, zu der allerdings der Fragesteller nicht bereit ist (Mk 10,17–22). Bei Johannes wird das ewige Leben zum Leitmotiv der Verkündigung Jesu. Aber auch im Blick auf die Synoptiker kann man Jesus schwerlich die Verheißungen ewigen Lebens absprechen, wenn man ihm die Reich-Gottes-Botschaft zuspricht.

Überdies hat Jesus sich auch eigens für die Auferstehungshoffnung Israels stark gemacht. Im Streitgespräch mit den Sadduzäern (Mk 12,18–27 parr.), dem ein historischer Kern zugesprochen werden kann, weist Jesus das abstruse Argument zurück, eine Frau, die nacheinander von sieben Brüdern geheiratet worden sei, könne im Himmel nicht wissen, wem sie angehöre, weshalb die Auferstehungshoffnung absurd sei. Jesus argumentiert zuerst mit der Vernunft: Im Himmel wird nicht mehr geheiratet; sonst wäre er ja er nur eine andere Erde. Jesus argumentiert dann aber auch mit der Tora: Gott ist Mose im brennenden Dornbusch als Gott Abrahams, Isaaks und Jakob erschienen; also sind sie für ihn nicht tot, sondern lebendig.

> »Er ist kein Gott von Toten, sondern von Lebendigen« (Mk 12,27).

Die Gegenwart der Gottesherrschaft ist an die Person Jesu gebunden, so auch die Zukunft. Nach Mk 12,35–37 legt Jesus Ps 110, das Wort von der Erhöhung des Herrn zur Rechten Gottes, so aus, dass es für seine messianische Gottessohnschaft durchsichtig ist. Erhöhung setzt aber Auferstehung voraus. Stellt man den zitierten Eröffnungsvers in den Kontext des ganzen Psalms, wird ein Bezug zum großen Thema Jesu sichtbar: der Aufrichtung der Herrschaft Gottes. Allerdings urteilt die Forschung meist, dass Jesu Klarstellung nicht original, sondern nachösterlich geprägt sei. Deshalb wird man vorsichtig bleiben. Aber die immer wieder vorgetragenen Gründe – Jesus würde keine Exegese treiben, er sei kein Schriftgelehrter, er habe ein unmessianisches Leben geführt und sich mit der Messiasfrage nicht auseinandergesetzt – sind nicht besonders plausibel.

Jesus hat die Gottesherrschaft als das ewige Leben verkündet, in das die Auferstehung von den Toten hineinführt. Er hat auf die Erhöhung des Messias gesetzt, damit die Herrschaft Gottes jenseits seines Todes weiter nahe ist. Nach den Evangelien hat er auch auf seinen eigenen Tod und seine Auferstehung hingedeutet.
Im Abendmahlssaal redet Jesus nicht nur von seinem Leib und Blut, das er in Gestalt von Brot und Wein gibt, sondern schließt auch eine Prophetie an, die von der Liturgie fast vergessen worden ist (Mk 14,25):

> »Amen ,ich sage euch,
> ich werde nicht mehr vom Gewächs des Weinstocks trinken,
> bis ich neu trinken werde im Reich Gottes.«

Lukas hat eine ähnlich lautende, aber literarisch unabhängige Parallele, in der Jesus vom Paschamahl spricht (Lk 22,16):

> »Amen, ich sage euch,
> Ich werde es nicht mehr essen,
> bis es erfüllt sein wird im Reich Gottes.«

In beiden Versen – bei Markus noch stärker als bei Lukas – wird ein Zusammenhang zwischen dem Geschick Jesu und seinem Dienst an der Gottesherrschaft hergestellt. Jesus sieht eine Zukunft jenseits seines Todes. Er prophezeit, dass er einen Ort im vollendeten Reich Gottes finden wird. Auch die härteste Bibelkritik sieht dieses Wort als »echt«

an; denn es verzichtet auf Hoheitstitel und redet nicht von Auferstehung oder Erhöhung, auch nicht von einer Heilsbedeutung des Todes. Aber es redet von der Erwartung, dass Jesus zwar sterben, aber nicht im Tode bleiben werde und dass dies der Gottesherrschaft dient.

Freilich erzählen die Evangelien auch, dass Jesus immer wieder ausdrücklich seinen Tod und seine Auferstehung angekündigt habe. Markus gestaltet den Mittelteil seines Evangeliums so, dass Jesus dreimal seinen Tod und seine Auferstehung vorhersagt, freilich dreimal auf das Unverständnis seiner Jünger trifft und deshalb dreimal zur Kreuzesnachfolge (Mk 8,34 parr.), zum Dienen ruft (Mk 8,31–34 parr.; Mk 9,31–37 parr.; Mk 10,32–45 parr.). Diese stark betonten Prophetien[11] sind Teil eines ganzen Netzwerkes von Andeutungen, Vorbereitungen, Befürchtungen. Die Evangelien erwecken den Eindruck, dass Jesus sich intensiv mit seinem drohenden Tod auseinandergesetzt und ihn zwar nicht gesucht, aber auch nicht gescheut hat – in der Gewissheit seiner Auferstehung von den Toten. Ist dieser Eindruck falsch?

Die Überlieferung der Evangelien lässt es nicht zu, ein Psychogramm Jesu zu schreiben, aus dem hervorginge, wann ihm wo und wie die Todesgefahr aufgegangen wäre und welche Phasen der Auseinandersetzung er durchlaufen hätte. Es ist auch nicht möglich, die zahlreichen Leidens- und Auferstehungsprophetien auf eine einzige Urform zurückzuführen. Dass der überlieferte Wortlaut dem Passionsgeschehen angepasst wurde, ist eine naheliegende Vermutung, auch wenn an einigen Stellen bemerkenswerte Unterschiede bleiben.

Aber die Überlieferungen sind zu breit gestreut und zu tief in den Evangelien verwurzelt, als dass sie sich allesamt nachösterlich erklären ließen. Jesus hätte blind sein müssen, hätte ihm nach dem Martyrium des Täufers Johannes nicht die Gefahr für seine eigene Person vor Augen gestanden. In Gethsemane (Mk 14,32–42 parr.) ringt er sich zur Annahme seines Leidens durch – im Vertrauen auf seinen Vater. Spätestens beim Letzten Abendmahl wird deutlich, dass er seinen Tod, den er unmittelbar vor sich hatte, als Heilmittel »für euch« und »für viele« angesehen hat (Mk 14,22–25 parr.; 1 Kor 11,23–25). Ohne vitalen Auferstehungsglauben ist das nicht vorstellbar.

Die Legitimität der neutestamentlichen Auferstehungsverkündigung hängt aber nicht daran, möglichst viele Begriffe, Motive und Vorstellungen der kirchlichen Auferstehungstheologie schon im Kopf Jesu von Nazareth zu lokalisieren. Wohl aber ist entscheidend, dass durch die Auferstehung ein wesentlicher Aspekt der Verkündigung Jesu neu gesehen und wahrgenommen werden kann: sein Setzen auf Gottes Macht und Liebe, die Menschlichkeit seines Gottesglaubens und die Göttlichkeit seiner Vollmacht, die er für die Menschen einsetzt.

Ostern ist auch eine große Bestätigung der Verkündigung Jesu: Das Reich Gottes ist nicht am Ende; Jesus ist nicht desavouiert. Im Gegenteil: Der Vater führt den Sohn durch den Tod hindurch zur Herrlichkeit; der Sohn geht durch den Tod hindurch zum Vater. Das Reich Gottes gewinnt aus der Ohnmacht des Gekreuzigten neue Kraft.

>

VOR DEM STEIN: MIT ENGELSZUNGEN
Fünftes Kapitel

Der Stein, der das Grab Jesu verschlossen hat und am Ostermorgen weggewälzt wurde, ist das Symbol des Osterfestes. Um diesen Stein kreisen die Gedanken der Frauen, die sich am ersten Tag der Woche, am Sonntag, in aller Herrgottsfrühe aufmachen zum Grab. Der Stein sollte die Totenruhe schützen. Er passt zur Szenerie der Grablegung, weil berichtet wird, dass für Jesus auf Golgatha ein Felsengrab bereitgestellt worden sei.
Schon die Grablegungsgeschichten erzählen, dass Frauen aus Galiläa die Szene beobachtet haben – dieselben, die auch gesehen haben, wie Jesus am Kreuz gestorben ist. Bei den Namenslisten gibt es zwar kleine Unterschiede, die auf leichte Unsicherheiten oder Ungenauigkeiten in der Überlieferung schließen lassen, aber nicht den Kern betreffen. Während Petrus unter dem Kreuz schmerzlich vermisst wird, sind die vorher nicht erwähnten Frauen zur Stelle, wenn auch in sicherer Entfernung (Mk 15,40–41 parr.).

Salbung

Die Frauen, die Jesus genug liebten und genug Mut hatten, den Anblick des Gekreuzigten auszuhalten, wollen ihm die letzte Ehre erweisen, indem sie seinem Leichnam salben. Das ist gut gemeint, aber ein Missverständnis.

»Was sucht ihr den Lebenden bei den Toten?«

Diese Frage müssen sich die Frauen nach dem Lukasevangelium (Lk 24,5) von den Grabesengeln gefallen lassen. Tatsächlich sind die Frauen ja zu spät dran. Jesus ist nicht mehr im Grab; er ist auferstanden. Aber mehr noch: Jesu Leib ist bereits gesalbt worden. Nach dem Markusevangelium hat, bevor noch die Passionsgeschichte begann, eine Frau in Bethanien im Hause eines (geheilten) Aussätzigen namens Simon reines, sündhaft teures Nardenöl aus einer Alabasterflasche Jesus über den Kopf gegossen. Obwohl sich wegen der Verschwendung Unwille regt, verteidigt Jesus die Frau, aus der spätere Sozialromantiker eine reuige Sünderin, gar eine Hure mit goldenem Herz gemacht haben:

> »Sie hat vorgegriffen, meinen Leib für das Begräbnis zu salben« (Mk 14,8 parr.)

Wie immer es um die Historizität dieses Wortes bestellt sein mag, es spricht eine traurige Wahrheit aus. Eigentlich wird ein Leichnam erst einbalsamiert und dann ins Grab gelegt. Die Umstände der Grablegung Jesu haben das nicht zugelassen: die vorangegangene Kreuzigung, der Zeitdruck vor Beginn des Sabbats, die Improvisationen bei der Bestattung, die Dominanz der Männer Joseph von Arimathäa und Nikodemus. Die Einbalsamierung ist traditionell Frauensache.

Im Falle Jesu hat die Salbung aber einen besonderen Wert. Denn in Israel wird der Messias gesalbt. Die Salbung gehört zum Ritual der Königsinthronisation. »Messias« wird auf Griechisch mit »Christus« übersetzt, das heißt: der Gesalbte.

Die Leichensalbfrauen, wie Peter Handke sie nennt[12], wollen ein gutes Werk tun; aber sie kommen zu spät. Dass sie sich – nach Markus – erst auf dem Weg Gedanken machen, wer ihnen den Stein vom Grab wegwälzen werde (Mk 16,3), ist auf Effekt hin erzählt, weil sie sich diese Sorge ja nun wahrlich nicht mehr zu machen bräuchten, spiegelt aber den Zwiespalt ihrer Gefühle. Nach Markus kommen sie bis zum Ende nicht aus ihrem inneren Widerspruch heraus. Denn obwohl der Engel im leeren Grab sie zu Boten der Guten Nachricht an Petrus und die Zwölf bestellt, schweigen sie vor Angst und Furcht (Mk 16,7).

Frauenbilder

Die anderen Evangelien erzählen die Geschichte etwas anders als Markus. Je jünger sie sind, desto stärker wird die Rolle der Frau, ganz im Gegensatz zum Klischee der Moderne. Nach Lukas überlegen sie nicht unsicher, wer den Stein wegwälzen werde, sondern gehen mit den Spezereien selbstbewusst zum Grab, um es dann leer zu finden (Lk 24,1–2). Sie nehmen das Wunder nicht einfach hin, sondern diskutieren darüber (Lk 24,4). Sie müssen sich zwar sagen lassen, zur falschen Zeit am falschen Ort zu sein, weil sie der Ankündigung Jesu, am dritten Tage von Toten aufzuerstehen, keinen Glauben geschenkt haben (Lk 24,6–7); aber sie kommen zur Besinnung:

> »Und sie erinnerten sich seiner Worte und kehrten vom Grab zurück und verkündeten all dies den Elf und allen anderen« (Lk 24,8–9).

Dass die Apostel ihre Worte für Geschwätz halten (Lk 24,11), ist kein Problem der Frauen, sondern der Männer. Matthäus erwähnt gar nicht die Absicht der Frauen, den Leichnam zu salben; er erzählt die Geschichte so, dass die Frauen einen Trauerbesuch am Grab machen wollen (Mt 28,1). Matthäus spricht auch nicht von den Selbstzweifeln der Frauen, wie der Stein aus dem Weg geräumt werden könnte, sondern erzählt von einem Beben, bei dem ein Engel den Stein weggewälzt habe (Mt 28,2–3). Während die Wächter vor Schreck in Ohnmacht fallen, halten die Frauen der Erschütterung stand (Mt 28,4). Zum Schluss heißt es, dass die Frauen nicht vor Furcht und Angst verstummen, sondern »voll Furcht und Freude« hingehen, um zu verkünden (Mt 28,8) – wobei sie dann sogar auf dem Weg zu den Jüngern den auferstandenen Herrn leibhaftig zu Gesicht bekommen (Mt 28,9–10).
Am stärksten hat Johannes die Frauenrolle ausgestaltet, konzentriert auf Maria Magdalena. Sie ist nicht nur die erste, die in der Sonntagsfrühe sieht, dass der Stein vom Grab gewälzt ist (Joh 20,1), sie berichtet davon auch Petrus wie dem Lieblingsjünger (Joh 20,2), ohne sich dadurch davon abhalten zu lassen, auch selbst noch einmal die Grabesstätte aufzusuchen. Dort begegnet sie ihrem Meister und wird zur »apostola apostolorum«, wie der hl. Hieronymus sie genannt hat.
Maria Magdalena wird durch die Ostererscheinung zu einer wahrhaft Glaubenden. Die Grabesfrauen bei Matthäus und Lukas werden zu Botinnen der Guten Nachricht von der Auferstehung Jesu, verweisen aber in den ihnen anvertrauten Worten ihrerseits auf die Erscheinung vor den Jüngern, die noch aussteht. Das weist auf die Bedeutung, die

das leere Grab nach dem Neuen Testament bei der Entstehung des Osterglaubens hat: Ohne das leere Grab hinge der Osterglaube in der Luft; aber das leere Grab allein sagt noch nichts. Es muss gefüllt werden mit der Osterbotschaft. Erst durch die Begegnung mit dem Auferstandenen bricht sich der Glaube Bahn.

Der Wettlauf

Die Grabesgeschichten sind Jerusalemer Frauengeschichten. Aber auch Männer spielen eine Rolle, wenngleich keine glanzvolle. Lukas berichtet in einer kurzen Notiz, dass die Botschaft der Frauen vom leeren Grab zwar auf Unglauben gestoßen sei; Petrus aber habe sich aufgemacht, um zum Grab zu laufen, wo er »nur die Leintücher« sah, in die Jesus gewickelt worden war. Seine Haltung freilich bleibt ambivalent: »Und er ging fort und staunte über das Geschehene« (Lk 24,12). Die kurze Notiz wird in der Emmaus-Geschichte verstärkt. Die beiden Jünger, die von Jerusalem fliehen, erzählen dem Unbekannten, der mit ihnen geht, dass »einige von uns« auf den Bericht der Frauen hin das Grab aufgesucht hätten, ihn selbst aber nicht fanden (Lk 24,24). Wie immer es im Einzelnen zu diesen Notizen gekommen ist: Es ist historisch plausibel, dass nach den Frauen auch andere aus dem Jüngerkreis das Grab besucht haben – ohne dass dadurch schon der Osterglaube zum Durchbruch gekommen sein müsste.
Die spektakulärste Geschichte hat wieder Johannes. Denn er berichtet von einem regelrechten Wettlauf zwischen Petrus und dem Lieblingsjünger, die beide von Maria Magdalena über die Geschichte mit dem weggewälzten Stein

informiert worden waren (Joh 20,1–10). Petrus ist nach Johannes zwar nicht der zuerst in die Nachfolge berufene Jünger (wie nach den Synoptikern), aber doch so etwas wie der Sprecher der Jünger (Joh 6,68). Der Lieblingsjünger hingegen, der im Evangelium anonym bleibt und von der kirchlichen Tradition später mit dem Zebedaïden Johannes identifiziert wurde, ist dem Herzen Jesu am nächsten (Joh 13,23). Er ist nach Joh 19,35 der wichtigste Zeuge der Kreuzigung; er ist auch im Nachtragskapitel Joh 21 mit Petrus zusammen der wichtigste Zeuge der Auferstehung. Der Lieblingsjünger ist die Identifikationsgestalt der johanneischen Gemeinde, der Gewährsmann ihres spezifischen Wissens von Jesus. Petrus hingegen ist schon sehr früh – und je später, desto mehr – die wichtigste Bezugsfigur der ganzen Kirche.

Die Szenerie ist symbolträchtig. Sie führt zur Klärung der Verhältnisse zwischen dem johanneischen Kreis, repräsentiert durch den Lieblingsjünger, und der Gesamtkirche, repräsentiert durch Petrus (Joh 21,15–17). Beide, Petrus und der Lieblingsjünger, spurten zum Grab. Der Lieblingsjünger ist schneller dort, wartet aber und lässt Petrus den Vortritt. Darin spiegelt sich beides: der Anspruch der johanneischen Theologie, schneller, höher und weiter als die petrinische zu sein, aber auch ihre Hinordnung auf die Gestalt Simon Petri und damit ihre Zugehörigkeit zur einen Kirche Jesu Christi.

Die Reliquien Jesu

Noch wichtiger ist, was Johannes von der Entstehung des Osterglaubens erkennen lässt. Petrus geht zuerst ins leere

Grab hinein und sieht dort die Reliquien Jesu: die Leichentücher und an einer besonderen Stelle, ordentlich gefaltet, das Schweißtuch, das seinen Kopf bedeckt hatte. Danach folgt der Lieblingsjünger:

> »Er sah und glaubte« (Joh 20,8).

Der Lieblingsjünger glaubt schon, anders als Petrus, weil er die Reliquien Jesu gesehen hat und vom leeren Grab auf die Auferstehung schließt. Petrus hingegen wird erst glauben, wenn er dem Auferstandenen selbst begegnet ist. Allerdings sind Petrus und der Lieblingsjünger an einem anderen Punkt im Menschlich-Allzumenschlichen vereint:

> »Noch nämlich verstanden sie die Schrift nicht, dass er auferstehen müsse« (Joh 20,9),

kommentiert der Evangelist lakonisch. Damit relativiert er das leere Grab: Es ist gut für jene, die sehen müssen, um zu glauben – wiewohl schon das geistreiche Lesen der Heiligen Schrift zum Osterglauben hätte führen können. Mithin taucht bereits ein ähnliches Motiv wie später in der Thomas-Perikope auf. Der Lieblingsjünger braucht noch das leere Grab und die Reliquien Jesu; Petrus kommt erst durch die Erscheinung des Auferstandenen zum Glauben; Thomas muss die Wundmale berühren dürfen. Alle werden erst im Nachhinein von diesen Anhaltspunkten unabhängig: vom leeren Grab, vom exzeptionellen Ereignis der Erscheinungen, von der Berührung des Leibes Christi. Es reichen das Wort Jesu und das Wort der Schrift – wie der Vierte Evangelist schon nach dem Wein-Wunder zu Kana

(Joh 2,11) und der Tempelaustreibung (Joh 2,22) festgestellt hat.
Deshalb sind aber weder das leere Grab noch die österlichen Erscheinungen unwichtig. Sie markieren Schritte auf dem Weg zum Osterglauben. Im Buch des Evangelisten aufgeschrieben (Joh 20,30–31), zeigen die Ostergeschichten, wie man, ohne leiblich zu sehen, zum Christusglauben gelangen kann: durch das Wirken des Geistes, der seine Kraft nicht zuletzt dadurch erweist, dass er das Hören und Lesen des Evangeliums zum Quellgrund des Osterglaubens werden lässt.

Die Botschaft

Entscheidend sind die Engelsworte, die von den Synoptikern überliefert werden. Bei Johannes bleibt das Grab ein stummer Zeuge. Es sind keine Engel, es ist Jesus selbst, der die Auferstehung verkündet. Nach den Synoptikern ist das leere Grab nicht leer, sondern erfüllt von der Gegenwart der Engel, die Jesu Auferstehung verkünden. Nach der ältesten, der markinischen Version (Mk 16,6–7):

»Fürchtet euch nicht!
Jesus sucht ihr, den Nazarener, den Gekreuzigten.
Er ist auferweckt worden.
Er ist nicht hier.
Seht den Platz, wohin sie ihn gelegt haben.
Aber geht, sagt seinen Jüngern und Petrus:
Er geht euch voran nach Galiläa.
Dort werdet ihr ihn sehen,
wie er es auch gesagt hat.«

Die Antwort ist so aufgebaut wie das urchristliche Bekenntnis von Tod und Auferstehung, aber auf die Erzählung der Ostergeschichte abgestimmt. Im Kanon wird dadurch das Credo, das in der Apostelgeschichte und den Apostelbriefen überliefert wird, als Echo der Botschaft erkennbar, die am Anfang mit Engelszungen verkündet worden ist. In entstehungsgeschichtlicher Hinsicht aber zeigt sich, dass die Erinnerung an das Ostergeschehen durch den früh entwickelten Osterglauben geprägt worden ist.
Der Engel identifiziert zuerst Jesus als den Gekreuzigten. Er ist der, den die Frauen auf Golgatha haben sterben gesehen und den sie betrauern. Die Osterfreude löscht die Trauer über den Tod Jesu nicht aus, aber weist sie an ihren Platz. Der Tod ist das Vorletzte; am Ende siegt der lebendige Gott. Aber der Auferstandene ist und bleibt der Gekreuzigte.
Das leere Grab ist der Ort, an dem die Auferstehung auf paradoxe Weise sichtbar wird. Die Frauen sehen, dass sie nichts sehen; und weshalb sie nichts sehen, werden sie sehen, wenn sie zusammen mit Petrus und den Zwölfen den Auferstandenen bei seiner Erscheinung gesehen haben werden.
Jesus geht den Seinen voran nach Galiläa – dorthin, wo alles begann. Das Vorangehen Jesu bildet in der markinischen Sprache das Pendant zur Nachfolge Jesu. Das hat der Evangelist besonders deutlich vor der dritten Leidensweissagung auf dem Weg nach Jerusalem geschrieben (Mk 10,32). Jetzt wird der Rückweg gebahnt, der freilich ins Offene führt. Die Erinnerung an Galiläa, an die Reich-Gottes-Verkündigung, an den Beginn der Nachfolge bleibt lebendig und wird in den Osterglauben eingeborgen.

Das letzte Engelwort ist ein Verweis auf das Jesuswort. Im Grunde fügt die Osterbotschaft nach Markus der Verkündigung Jesu nichts hinzu, sondern bewahrheitet sie. Die Todes- und Auferstehungsprophetie Jesu wird ernst; sie prägt den Glauben der Kirche.

Das Engelwort setzt voraus, dass Petrus und die Zwölf, obwohl sie bei der Verhaftung Jesu das Weite gesucht haben, noch in Jerusalem sind. Dann ist der Schauplatz Galiläa nicht zufällig, sondern mit Absicht gewählt. Er unterstreicht die Identität des Auferstandenen mit dem Irdischen. In Galiläa hat die Reich-Gottes-Botschaft begonnen; in Galiläa beginnt auch der Osterglaube. Die Osterbotschaft ersetzt nicht die Verkündigung und das Wirken Jesu, sondern setzt sie ins Licht.

IM GARTEN: BERÜHR' MICH NICHT!
Sechstes Kapitel

Am tiefsten führt das jüngste Evangelium in die österliche Mystik und Geschichte ein. Johannes verbindet die Auffindung des leeren Grabes mit der österlichen Erscheinung Jesu. In der Exegese gilt diese Geschichte oft als Legende. Erst die feministische Bibelforschung hat hier zu einem Umschwung geführt. Zwei Argumente sprechen für einen historischen Kern: Erstens hat Johannes im Ganzen viele zuverlässige und alte Jerusalem-Traditionen. Zweitens gibt es die merkwürdige Parallele bei Matthäus, dass die Frauen auf dem Rückweg vom Grab den Auferstandenen selbst gesehen haben – auch wenn er ihnen nicht mehr sagen konnte, als das, was sie schon von den Engeln im Grab gehört hatten (Mt 28,9–10).

Auf der anderen Seite hat die literarische Meisterschaft des Johannes auch der Erscheinungsszene im Garten den Stempel aufgedrückt. Sie ist im Ganzen ebenso sehr ein Zeugnis johanneischer Theologie wie eine Erinnerung an die Geburtsstunde des Osterglaubens. Johannes weiß, dass mehrere Frauen zum Grab gegangen sind (vgl. Joh

20,2); aber er konzentriert alles auf eine einzige Frau: Maria Magdalena.[13]

Der verschwundene Leichnam

Johannes ist in seiner Theologie stark genug, den tödlichen Verdacht gegen die Auferstehungsbotschaft im Osterevangelium selbst zur Sprache zu bringen. Nach Matthäus streuen Mitglieder des Hohen Rates gezielt das Gerücht, dass die Jünger selbst den Leichnam fortschaffen wollten, da Jesus seine Auferstehung am dritten Tage angekündigt habe (Mt 27,62–66). Nach Johannes bringt Maria Magdalena gleich dreimal ihre Befürchtung zum Ausdruck, Unbekannte hätten den Leichnam weggeschafft: gegenüber Petrus und dem Lieblingsjünger (Joh 20,2); gegenüber den Engeln, die sie nach dem Grund ihrer Tränen fragen (Joh 20,13); und gegenüber dem, den sie für den Gärtner hält (Joh 20,15). Maria kommt es nicht in den Sinn, vom leeren Grab auf die Auferstehung von den Toten zu schließen. Als sie den Stein weggewälzt gefunden hatte, war sie nicht anbetend in die Knie gefallen, sondern fortgelaufen, um Petrus und den Lieblingsjünger zu holen (Joh 20,1–2). Zurückgekommen, wagt sie sich nicht so weit vor wie die beiden; sie bleibt vor dem Eingang stehen und beugt sich hinein (Joh 20,11). Ihre Tränen zeigen ihre Trauer. Sie fragt, wer den Leichnam weggeschafft habe, weil sie beim besten Willen keine andere Erklärung weiß als die schrecklichste: dass der Ermordung Jesu der Verlust seines Leichnams gefolgt sei. Diese nächste Katastrophe will sie verhindern. Sie ist auf ihren Rettungsversuch so fixiert, dass sie sogar »den Gärtner« bittet, ihr den Ort zu

verraten, wo er den Leichnam hingelegt habe, damit sie ihn holen und wieder ins Grab legen könne.
All das erzählt Johannes mit offenkundiger Sympathie für Maria Magdalena. Er macht sich nicht über sie lustig, auch nicht, als sie Jesus für den Gärtner hält. Er führt die Leser vielmehr dahin, mit Maria zu bangen. Er lässt erkennen, dass es ihre Liebe zu Jesus ist, die sie um seinen Leichnam sorgen lässt. Freilich macht sie diese Liebe blind. Jesus muss ihr erst die Augen öffnen. Das ist das Wunder von Golgatha: Die Schädelstätte wird zum Ostergarten.

Maria – Rabbuni

Die literarische Meisterschaft und theologische Tiefe des Evangelisten Johannes zeigt sich, wo es zum Augenblick der wahren Erkenntnis kommt. Weder fallen die Sterne vom Himmel noch erbebt die Erde; keine Posaunen ertönen und kein Lichtglanz strahlt auf. Ein einfacher Wortwechsel sagt alles. Den Anfang setzt Jesus. Er redet die Frau bei ihrem Namen an:

> »Maria« (Joh 20,16).

Nur wer die alttestamentliche Verheißung des Jesajabuches kennt, Gottes: »Ich habe dich beim Namen gerufen, du bist mein« (Jes 43,1), ahnt die Dimensionen dieser Anrede. Jesus gibt sich nicht nur zu erkennen, indem er zu erkennen gibt, dass er Maria kennt. Er ruft sie aus dem Tal des Todes heraus. Er erlöst sie von ihrer Angst. Er macht sie zu einem neuen Menschen. Es ist wie eine Taufe. Marias früheres Leben war am Ende; es schien ihr nur noch der

Totenkult zu bleiben. Doch sie wird an der Auferstehung Jesu teilhaben. Das ist schon mit der Anrede »Maria« gesagt: Jesus lebt, und mit ihm lebt Maria ein neues Leben, das jetzt schon beginnt.
Sie antwortet:

> »Rabbuni« (Joh 20,16),

zu deutsch: »Mein Meister«. Wieder bleibt der Bericht ganz still. »Rabbuni« ist kein bedeutender Hoheitstitel, sondern eine einfache, vertraute, aber doch respektvolle Anrede, wie sie schon aus Jesu Erdentagen überliefert ist (Mk 10,51). Johannes notiert ausdrücklich, Maria habe »hebräisch« gesprochen, nicht im Aramäischen der Umgangssprache, sondern im feierlichen Hebräisch der Heiligen Schrift.
Jesus knüpft an die gemeinsame Vergangenheit an; Maria Magdalena antwortet ihm auf derselben Ebene. So erkennt sie ihn, wie sie von ihm erkannt worden ist. Mit diesen beiden Worten »Maria« – »Rabbuni« ist die alte Vertrautheit wiederhergestellt.
Aber die Beziehung, die wieder auflebt, ist doch eine ganz neue. Jesus kommt Maria in seinen Worten ganz nahe, aber er hält auch Distanz. Der Abstand ist nötig (Joh 20,17):

> »Berühre mich nicht; denn noch ich bin nicht
> aufgestiegen zum Vater.«

Viele Kommentatoren tun sich schwer, diese Distanzierung zu verstehen. Sie machen aus ihr einen heimlichen

Tadel an Maria: »Halt mich nicht fest«, liest man in der »Einheitsübersetzung«, so als ob Maria Magdalena Jesus in den Griff bekommen wolle. Tatsächlich aber markiert Jesus nur einen wesentlichen Unterschied zwischen sich und Maria. Ähnlich wie Jesus bei der Hochzeit zu Kana seine Mutter scheinbar zurückgewiesen, tatsächlich aber in die Lage versetzt hat, für ihn einzutreten (»Was er sagt, tut«; Joh 2,1–11), ist hier die Distanzierung die Voraussetzung dafür, dass Maria zur Glaubensbotin wird (Joh 20,18). Jesus, den Maria Magdalena sieht, ist nicht eigentlich schon der Auferstandene, sondern der Auferstehende. Das wertet die Ostererscheinung Marias nicht ab, sondern auf. Denn es ist der empfindlichste Moment, in dem es zur Begegnung kommt: die »Magdalenensekunde«, wie Patrick Roth schreibt[14]. Später, nach seiner Erhöhung zur Rechten Gottes, wird Jesus sich nicht weigern, sogar seine Wundmale berühren zu lassen. Aber jetzt, da ihn aus dem Grabe heraus unendlich viel mit der Trauer und dem Tod der Menschen verbindet, muss er sich den Freiraum seines Weges zum Vater freihalten.

Das gerade befähigt Maria Magdalena dazu, zur Glaubensbotin für die Apostel zu werden:

> »Geh zu meinen Brüdern und sag':
> Ich gehe hinauf zu meinem Vater und eurem Vater,
> zu meinem Gott und eurem Gott« (Joh 20,17).

Noch in diesem Wort schließt sich Jesus mit den »Brüdern« zusammen, zu deren Heil er doch diesen Weg geht. Maria Magdalena ist es, die diese Verbindung herstellt.

Dem Evangelisten genügt ein Satz, um zu sagen, dass Maria umgehend den Auftrag ausgeführt hat. Vor allen anderen kann sie sagen:

> »Ich habe den Herrn gesehen« (Joh 20,18).

UNTERWEGS: DER FREMDE GAST
Siebtes Kapitel

Lukas zeigt Jesus zeit seines Lebens auf dem Weg. Es gibt im lukanischen Doppelwerk, zu dem neben dem Evangelium auch die Apostelgeschichte gehört, so etwas wie eine »Theologie des Weges«. Jesus ist der Gute Hirte, der sich aufmacht, das verlorene Schaf zu suchen (Lk 15). Im Haus des Zöllners Zachäus erklärt er zum Abschluss seines öffentlichen Wirkens: »Der Menschensohn ist gekommen, um zu suchen und zu retten, die verloren sind« (Lk 19,10). Von dieser Bewegung Jesu ist auch die urkirchliche Mission geprägt. Sie ist eine große Rettungsaktion in Israel, Samarien und auf der ganzen Welt. Die Apostel sollen nicht warten, bis die Menschen reumütig, verzweifelt oder hoffnungsfroh zu ihnen kommen, sondern sie sollen sich selbst in Bewegung setzen, um jene zu suchen und zu finden, die Gott längst gesucht und gefunden hat, ohne dass sie es wissen.

Diese Weg-Theologie prägt auch das lukanische Osterevangelium. Nachdem von der Auffindung des leeren Grabes die Rede war, aber noch bevor von der Erscheinung

Jesu vor den Aposteln und allen Jüngern (beiderlei Geschlechts) berichtet wird, zeigt Lukas den auferstandenen Jesus unterwegs. Es ist der Weg nach Emmaus. Es ist ein Weg hinter zwei Jüngern her, die aus Jerusalem fliehen, weil sie schier verzweifeln ob des Kreuzes; es ist ein Weg mit diesen Jüngern zusammen, obwohl – oder weil – sie die falsche Richtung eingeschlagen haben; und es ist ein Weg, der die Emmaus-Jünger selbst wieder zurückbringt auf den rechten Weg: den Weg nach Jerusalem.

Nach Emmaus

So ganz genau weiß niemand, wo Emmaus liegt. Mehrere Dörfer in Jerusalems Umgebung streiten sich um die Ehre. Lukas hat die Lage einfach vorausgesetzt, die wir nicht mehr kennen. »Sechzig Stadien« soll das Dorf von Jerusalem entfernt sein (Lk 24,1), gut zehn Kilometer.

Entscheidend ist nicht die genaue Lage des Ortes, sondern die Tatsache, dass er außerhalb Jerusalems liegt. Denn Jerusalem ist der Ort, da Jesus gestorben ist und da Israel die Wiederkunft des Messias erwartet. Der Weg der Jünger nach Emmaus ist eine Flucht: weniger vor einer Verfolgung durch die Behörden als vor der eigenen Verzweiflung, der eigenen Ratlosigkeit, der eigenen Enttäuschung.

So aber wie Jesus in seinen Erdentagen weite Wege in Galiläa; Judäa und Jerusalem gegangen ist, um diejenigen, die sich verirrt hatten, zu suchen und zu finden, so auch in der Auferstehung. Kennzeichnend sind die Verben und Partizipien, die Jesu Handeln beschreiben: Jesus »nähert sich« und »geht mit ihnen« (Lk 24,15); er »fragt« sie nach dem Grund ihrer Trauer (Lk 24,17) und nach den Ereignissen in

Jerusalem (Lk 24,19); er »redet« ihnen wegen ihres Unverständnisses ins Gewissen (Lk 24,25); schließlich »erklärt« er ihnen die Schrift, was sie alles über ihn, den Christus, sagt (Lk 24,27).

Jesus handelt wie ein guter Seelsorger. Er zieht sich nicht zurück, obwohl er nicht erkannt wird. Er platzt nicht gleich mit seiner Botschaft heraus, sondern fragt seine Begleiter nach ihrer Not. Er reißt das Wort nicht an sich, sondern lässt erst einmal erzählen und hört aufmerksam zu. Er lässt aber die beiden Jünger auch nicht im Ungewissen, sondern gibt ihnen, wenn die Zeit da ist, an seinem Wissen Anteil. Er bezieht sich in seiner Erklärung auf die gemeinsame Glaubensquelle, die Heilige Schrift. So führt er die Emmaus-Jünger Schritt für Schritt, auf den Weg der Erkenntnis, auch wenn sie ihn, solange sie von Jerusalem weglaufen, immer noch nicht identifizieren können.

Durch diese pastorale Art Jesu kommt – in der erzählten Welt für die Emmaus-Jünger, in der gelebten Welt für die Leser des Evangeliums – noch einmal die ganze Passionsgeschichte zur Sprache, und die allzu menschliche Schwierigkeit, an die Auferstehung zu glauben (Lk 24,19–24):

> »Jesus von Nazareth war ein Prophet, mächtig in Werk und Wort vor Gott und dem ganzen Volk. Ihn haben unsere Hohenpriester und Anführer zum Tode verurteilt und kreuzigen lassen. Wir aber hatten gehofft, dass er es sei, der Israel erlöse. Doch überdies ist es heute schon der dritte Tag, dass dies alles passiert ist. Zwar haben uns einige unserer Frauen außer Fassung gebracht, die früh zum Grab gegangen waren und, nachdem sie den Leichnam nicht gesehen hatten, kamen und uns sagten, eine

> Erscheinung von Engeln gesehen zu haben, die gesagt hätten, er lebe; und einige von uns gingen zum Grab und fanden es so, wie die Frauen gesagt hatten, ihn selbst aber sahen sie nicht.«

Der Bericht der Emmaus-Jünger benennt alle Fakten richtig. Aber nichts passt zusammen; alles bleibt unverständlich. Den Jüngern fehlt der »Bibelcode«. Denn der Schlüssel zu allem – zur prophetischen Verkündigung wie zum Leiden Jesu, zum leeren Grab wie zur Engelerscheinung – ist Jesus selbst: der Auferstandene. Von ihm her erhält alles Sinn; ohne ihn wäre es sinnlos. Ihn aber erkennen die beiden Jünger nicht.

Jesus hört erst zu – und löst dann den Knoten. Der erste Schritt, der zwar noch nicht zum vollen Erfolg führt, aber unverzichtbar ist: Jesus öffnet den Jüngern die Heilige Schrift. Er verlangt ihnen, deren Herz »träge« ist, ab, den »Propheten zu glauben« (Lk 24,25). Diesen Glauben, wenn er sich auch erst in Nachhinein entzündet, begründet Jesus durch eine Auslegung der Heiligen Schrift (des »Alten Testaments«), die ihren verborgenen messianischen Sinn erschließt. Auf diesem Weg nach Emmaus bahnt der auferstandene Jesus den beiden Jüngern einen Weg durch die Schrift zum Messias: zu ihm selbst.

In Emmaus

Der Weg endet am späten Nachmittag in Emmaus. Die beiden Jünger wollen, dass der fremde Wegbegleiter ihnen weiter Gesellschaft leistet, und Jesus willigt ein, »mit ihnen zusammen zu bleiben« (Lk 24,29). Jetzt geht alles ganz schnell, jedenfalls im Tempo der Erzählung. Wo man untergekommen ist, ob in einer Gaststätte oder in einem Privathaus, bleibt offen. Wie bei der Speisung der Fünftausend, die gleichfalls gegen Abend stattfand (Lk 9,12), und wie beim Letzten Abendmahl (Lk 22,14–23) ist Jesus zwar Gast im Hause eines anderen, übernimmt aber die Rolle des Gastgebers. Denn die Mähler, die er feiert, sind nicht einfache Essen, die der Nahrungsaufnahme und der Pflege der Geselligkeit dienen, sondern prophetische Zeichen, vorweggenommene Sakramente, die einen Vorgeschmack des Reiches Gottes geben.

Die Emmaus-Geschichte ist durchsichtig für die Eucharistie. Lukas verliert darüber aber nicht viele Worte. Es reicht, wenn er schreibt, dass Jesus Brot »nahm, segnete, brach und ihnen gab« (Lk 24,30). Das sind genau die Handlungen, die er beim Letzten Abendmahl ausgeführt hatte; und die Eucharistiefeier der Urgemeinde nennt Lukas »Brotbrechen« (Apg 2,42).

Es ist unsinnig, in der Emmaus-Geschichte sozusagen Schrift und Sakrament gegeneinander auszuspielen. Im Rückblick zeigt sich fast ein Stationsgottesdienst: Nach der Eröffnung kommt die Schriftlesung samt Auslegung, dann die Eucharistie. Es ist der Weg, den Lukas betont. Dieser Weg hat ein Ziel: die Gemeinschaft mit Jesus Christus, die in der Eucharistie gefeiert wird. Aber die Eucharistie ist eine Feier auf dem Weg.

Erst jetzt, da Jesus ihnen das gesegnete Brot gibt, fällt es den Emmaus-Jüngern wie Schuppen von den Augen. Genauer: »Es wurden ihre Augen aufgetan« (Lk 24,31). Lukas gibt zu verstehen: Gott hat seine Hand im Spiel. Es könnte geradezu scheinen, als sei auch ihre vorherige Blindheit

eine Fügung, damit sie Jesus ganz neu erkennen könnten. Das »Herz brannte in ihrer Brust« – doch sie spürten es noch nicht (Lk 24,32).
Jesus aber, da sie ihn erkennen, entzieht sich ihren Blicken (Lk 24,31). Sie brauchen ihn nicht mehr leiblich vor Augen zu sehen, weil sie ihn fortan mit den Augen des Herzen sehen. Sie brauchen den Leib des Auferstandenen nicht mehr in ihrer Mitte, weil sie auf neue Weise den Leib des Herrn bei sich haben.

Nach Jerusalem

Die Emmaus-Jünger tun das einzig Richtige, nachdem Jesus sich ihnen entzogen hatte: Sie machen sich schleunigst auf, zurück nach Jerusalem (Lk 24,33). Denn dorthin gehören sie: zu den anderen Jüngern, an den Ort der Erscheinungen, an den Ausgangspunkt der nachösterlichen Mission.
Lukas kommt mit der Geschichte schnell zu Ende. Bevor die beiden Emmaus-Jünger noch erzählen können, was ihnen widerfahren ist, werden sie selbst mit der Frohen Botschaft konfrontiert, dass »der Herr wirklich auferstanden und dem Simon erschienen« ist (Lk 24,34). Jetzt können sie ihren Teil beitragen:

> »Da erzählten sie von ihrem Weg und wie sie ihn erkannten im Brechen des Brotes« (Lk 24,35).

Emmaus bleibt eine Randerscheinung; Jerusalem ist der Ort, wo die Fäden zusammenlaufen: weil Jerusalem für Israel eine einzigartige Bedeutung hat und deshalb auch für

Jesus und die Kirche. Aber auch am Rande bricht der Glaube auf, der die Mitte der Kirche bildet.

HINTER VERSCHLOSSENEN TÜREN: SEHT HER!
Achtes Kapitel

Lukas spinnt den Erzählfaden der Emmaus-Geschichte fort, indem er von einer Erscheinung Jesu vor den Elf und den anderen Jüngern noch am selben Abend erzählt (Lk 24,36–53). Aber als ob vorher nichts geschehen wäre, weder die Engelerscheinung im leeren Grab noch die Christuserscheinung vor Petrus und in Emmaus, erkennen die Jünger Jesus nicht. Sie halten ihn für einen »Geist« (Lk 24,37).

Das deuten manche als Indiz für den legendarischen Charakter des Textes und die Widersprüchlichkeit der Ostertraditionen. Tatsächlich aber hat Lukas – ähnlich wie Johannes – ein Auge für die menschlichen Schwierigkeiten, an die Auferstehung zu glauben. So wie die Grabesgeschichten nicht den tödlichen Verdacht verschweigen, der Leichnam sei klammheimlich gestohlen worden, so verschweigen die Erscheinungsgeschichten nicht den gleichfalls tödlichen Verdacht, die Visionen seien bloße Einbildungen; in Wahrheit habe man ein Trugbild gesehen. Die Schwierigkeiten, im Auferstandenen Jesus zu erkennen, resultieren nicht daraus, dass Jesus sich versteckte oder verstellte, sondern daraus, dass Jesus sich ganz offen zeigt. Denn dies ist ja das Unverständlichste, das Unglaublichste, Ungeheuerlichste: dass derjenige, den man so grausam hat sterben gesehen, leben soll und im Glanze Gottes erscheint. Nichts ist unwahrscheinlicher als die Auferstehung von den Toten. Wäre es anders, könnte sie nicht Grund aller Hoffnung sein.

Hand und Fuß

Entsprechend massiv sind die Demonstrationen der Leiblichkeit, die der Auferstandene nach dem Lukasevangelium macht. Viele lesen in den lukanischen Text eine tiefe eucharistische Gemeinschaft zwischen Jesus und seinen Jüngern hinein. Aber der Bericht des Evangelisten ist härter, nüchterner. Jesus zeigt, dass er als Auferstandener leibhaftig gegenwärtig ist. »Ich bin es selbst!« (Lk 24,39), lautet das Schlüsselwort. Der Auferstandene identifiziert sich als Jesus. Aus diesem Grund ist seine Leiblichkeit betont.

Jesus zeigt nicht nur seine Hände und Füße; er fordert die Jünger auch auf, sie anzuschauen. Anders als bei Johannes ist nicht betont, dass der Auferstandene die Wundmale trägt, sondern dass die Auferstehung sozusagen Hand und Fuß hat. Jesus zeigt die Hände, mit denen er die Menschen gesegnet hat, und die Füße, mit denen er auf der Suche nach den Verlorenen durch Galiläa nach Jerusalem gezogen ist.

Lukas geht sehr weit, die Körperlichkeit des Auferstandenen zu betonen – so weit, dass es anstößig wird. Das ist vermutlich gewollt. »Kein Geist hat Fleisch und Knochen, wie ihr seht, dass ich sie habe« (Lk 24,39) – handfester, profaner kann man von der Auferstehung kaum reden. Mehr noch: Jesus lässt sich etwas Bratfisch reichen und isst es »vor ihnen« (Lk 24,40–41). Lukas beschreibt keine Mahlgemeinschaft, sondern weiterhin eine Demonstration der körperlichen Präsenz Jesu.

»Ich glaube an die Auferstehung des Fleisches«, sagte man früher im Glaubensbekenntnis. (Heute heißt es weicher: Auferstehung des Leibes.) Das scheint nicht nur dem Johannes-, sondern auch dem Lukasevangelium abgelauscht. Während Johannes die Menschwerdung des Gotteswortes verkündet (Joh 1,14), betont Lukas die Fleischlichkeit des Auferstandenen. Im einen wie im anderen Fall geht es um die Identität Jesu: Der Inkarnierte ist kein anderer als der Präexistente, und der Auferstandene ist kein anderer als der Gekreuzigte.

Die Massivität der Demonstrationen Jesu entspricht der Massivität der Schwierigkeiten, die seine Jünger haben, an die Auferstehung zu glauben. So begriffsstutzig sie im irdischen Leben Jesu waren, ihn als Messias zu verstehen, so auch in der Auferstehung. Darauf geht Jesus ein. So unendlich viel Mühe, wie Jesus sich vor seinem Tode gemacht hat, Menschen den Weg in die Gottesherrschaft zu zeigen, so wenig wird es ihm lästig, die Jünger zum Glauben an seine Auferstehung zu führen. Das gehört zur Frohen Botschaft der lukanischen Erscheinungserzählung.

Ihre Pointe aber ist die geradezu drastische Realistik des Ostergeschehens. Später hat man diese Erzählung doketistischen Christen entgegenhalten können, die behaupteten, der Gottessohn sei nur ein Geistwesen, das sich allenfalls das Kleid eines Menschen angezogen, in seinem Tode aber abgelegt hätte. Zur Zeit des Evangelisten ist aber kaum schon jemand auf diese Idee gekommen. Lukas hält vielmehr den entscheidenden Eindruck fest: dass die Jünger keiner Täuschung erlegen sind, sondern wahrhaftig Jesus selbst gesehen haben, so schwer sie es auch begreifen konnten.

Verheißung

Nach Lukas bleibt es nicht bei der Demonstration der Präsenz Jesu, des Auferstandenen. Den Jüngern zu zeigen, dass er selbst es ist, der ihnen erscheint, ist nur der erste Schritt. Jesus will sie aussenden, um sie zu seinen Zeugen auf der ganzen Welt zu machen.

Dazu muss er mit ihnen weitere Schritte gehen. Ähnlich wie in der Emmaus-Geschichte ist das Verständnis der Heiligen Schrift von grundlegender Bedeutung. Nur im Horizont der Bibel Israels kann verstanden werden, wer Jesus ist, welchen Weg er gegangen ist und welchen Weg die Kirche gehen soll (Lk 24,45–47).

Der erste Schritt, den der auferstandene Jesus mit seinen Jüngern zusammen geht, ist die Erinnerung an die Worte, die er ihnen vor seinem Tode gesagt hat, als er »mit ihnen zusammen« gewesen ist (Lk 24,44). So hatten auch die Engel die Frauen im leeren Grab zuerst an das »erinnert«, was Jesus selbst verkündigt hatte (Lk 24,6). Seine Worte, die er zu Lebzeiten gesprochen hat, verhallen nicht; sie werden bestätigt und bewahrheitet. Sie bekommen dadurch einen neuen Sinn, dass sich ereignet, was Jesus prophezeit hat. Die Osterbotschaft der Kirche bleibt auf die Erinnerung an die Verkündigung Jesu festgelegt und hält sie lebendig.

Der zweite Schritt, unmittelbar mit dem ersten verbunden, ist die Erschließung der Heiligen Schrift. Die Verbindung besteht darin, dass Jesus nach dem Lukasevangelium – wie nach allen anderen Evangelien auch – seine eigene Botschaft und auch sein eigenes Geschick ins Licht der Bibel Israels gestellt hat. Den Schlüssel bildet das Verständnis des Leidens Jesu. Auf diese Weise greift Lukas den Skandal des Kreuzes auf, das Irritierende des Leidens, das Verstörende des Todes Jesu. »Alles muss erfüllt werden, was über mich geschrieben steht im Gesetz des Mose und in den Propheten und Psalmen« (Lk 24,44).

Der dritte Schritt ist die Verheißung des Geistes, der die Jünger befähigt, Zeugnis für Jesus abzulegen. Auch sie ist heilsgeschichtlich eingebunden. Denn Jesus erklärt es als schriftgemäß, dass allen Völkern Umkehr und Sündenvergebung gepredigt werden wird (Lk 24,47). Genau so wird es Petrus am Pfingstfest zu tun beginnen (Apg 2,38). Jesus zitiert nach Lk 24,46–47 keine bestimmte Stelle, sondern spielt auf jene Texte und Motive an, die zum Beispiel von der Erfüllung des Abrahamssegens für alle Völker (Gen 12) handeln und von der Wallfahrt der Völker zum Zion, wenn am Ende aller Tage Schwerter zu Pflugscharen werden (Jes 2,2–4; Mi 4,1–5). Einen universalen Missionsbefehl kennt das Alte Testament nicht. Der auferstandene Jesus behauptet nach Lk 24 auch nicht, dass es ihn gäbe, sondern dass er in der Konsequenz der Todes wie der Auferstehung liegt, wenn sie im Licht der Bibel Israels betrachtet werden. Deshalb die Verheißung des Geistes. Bis Pfingsten sollen die Jünger in Jerusalem bleiben und dann mit dem Zeugnis für Jesus »in Jerusalem und ganz Judäa und Samarien und bis an Ende der Welt« (Apg 1,7) beginnen.

Auch der Vierte Evangelist berichtet von einer Erscheinung Jesu hinter verschlossenen Türen in Jerusalem, die zu einer Aussendung der Jünger führt. Allerdings ist die Geschichte anders als bei Lukas erzählt. Zwei kurze Szenen folgen aufeinander. Wenige Worte werden gewechselt. Lukas betont das Problem des Erkennens, Johannes das des Glaubens.

In der ersten Szene sagen die Jünger kein einziges Wort. Jesus kommt zu ihnen, die aus Angst vor Verfolgung ihre Türen verriegelt haben (Joh 20,19). Alles Mirakulöse interessiert den Evangelisten überhaupt nicht, nur dies:

> »Jesus kam und stellte sich in die Mitte« (Joh 20,19).

Das ist entscheidend; denn es nimmt die entscheidende Bewegung des irdischen Jesus auf: sein Kommen zu den Menschen, das sich in seinem Kommen zu den Jüngern ereignet, und seine Präsenz unter den Menschen, die sich in seiner Präsenz unter den Jüngern zeigt.

Jesus zeigt sich: seine Hände und seine Seite (Joh 20,20). Es sind die Hände, die ans Kreuz genagelt wurden (Joh 19,18); es ist die durchbohrte Seite, aus der Blut und Wasser geflossen sind (Joh 19,34–35), schreckliche und wunderbare Zeichen des Heiles, das Jesus vermittelt (Joh 7,38).

Das erste Wort, das Jesus sagt, lautet:

> »Der Friede sei mit euch!« (Joh 20,21).

Gemeint ist der »Friede, wie ihn die Welt nicht geben kann« (Joh 14,26), nämlich die Versöhnung mit Gott, die auf die Gemeinschaft der Jünger untereinander und ihr Verhältnis zur Welt ausstrahlt. In diesem Friedenswort ist das Evangelium Jesu Christi zusammengefasst. In der Situation des Osterfestes nimmt es auch das Versagen der Jünger in der Passion auf, das Unrecht des Todesurteils, die Schmerzen der Kreuzigung – und überwindet all dies. Jesus kommt von Gott her auf die Jünger zu und bringt Gottes Frieden in die Angst ihrer Herzen hinein.

Die Friedensbotschaft ist mit dem Sendungsauftrag verbunden; denn die Jünger sollen nichts anderes als den Frieden Gottes verkünden. Das zweite Wort Jesu lautet nach der Wiederholung des Friedensgrußes:

> »So wie mich der Vater gesandt hat, sende ich euch« (Joh 20,21).

Zwischen Jesus und seinen Jüngern gibt es eine wesentliche Gemeinsamkeit: Sie sind Gesandte. »Der Gesandte ist wie der Sendende selbst«, heißt es in der Mischnah (mBer 5,5). Jesus repräsentiert den Vater, indem er das Wort Gottes verkündet, die Jünger repräsentieren Jesus, indem sie sein Wort weitergeben. Beides liegt nicht auf einer Ebene, sondern eines ergibt sich aus dem anderen: Jesus sendet die Jünger, weil er vom Vater gesandt ist und die Aussendung der Jünger ein Teil seiner eigenen Sendung durch den Vater ist. Die Jünger ihrerseits bezeugen Jesus als den Gesandten Gottes, der die Wahrheit Gottes verkündet. Die Auferstehung Jesu offenbart, wie intensiv die Liebe zwischen dem Vater und dem Sohn ist, die sich in der Sendung zeigt. Diese Liebe Gottes verkünden die Jünger: Sie leben in der Kraft der Liebe Gottes und verheißen die Teilhabe an ihr. Die

Sendung der Jünger ist unbegrenzt; denn die Liebe des Vaters, die sich in dieser Sendung auswirkt, ist unbegrenzt. Allerdings sind und bleiben die menschlichen Möglichkeiten, Gottes Liebe anzunehmen und weiterzugeben, begrenzt. Gottes Liebe übersteigt unendlich alle Liebe von Menschen. Die Jünger können die Unbegrenztheit der Liebe Gottes nur dadurch ernst nehmen, dass sie vor keiner menschlichen Grenze zurückschrecken: sei es des Geschlechts oder der Nation oder der Intelligenz. Die wichtigste Grenze, die sie überschreiten müssen, ist die zu den Sündern – die sie ja auch selbst allesamt sind.

Der Atem Gottes

Wie dem ersten Wort Jesu das Zeigen seiner Hände und seiner Seite – mit den Spuren der Kreuzigung – folgt, so dem zweiten das Anhauchen der Jünger – ein Zeichen der Auferstehung. Johannes spielt auf die Genesis an, den zweiten Schöpfungsbericht, nach dem Gott dem »Erdling« Adam, den er aus Lehm geformt hat, Lebensatem einhaucht (Gen 2,7). So macht der auferstandene Jesus seine Jünger zu neuen Menschen. Er holt sie aus dem Tod ihrer Angst, ihrer Unsicherheit, ihres Versagens, aus dem Grab ihrer verschlossenen Türen heraus und macht sie zu neuen Menschen, die eine neue Aufgabe erhalten: die Sendung in der Kraft des Geistes. Das dritte Wort Jesu spricht es aus (Joh 20,22–23):

> »Empfangt den Heiligen Geist.
> Wem ihr die Sünden nachlasst, sind sie nachgelassen.
> Wem ihr sie behaltet, sind sie behalten.«

Die Jünger nehmen in ihrer Sendung Gottes Auftrag wahr, Frieden zu stiften. Der Heilige Geist, den sie empfangen, ist der von Jesus verheißene, der sie in die ganze Wahrheit führt, indem er ihnen das Verständnis Jesu erschließt, und zwar dadurch, dass er die Erinnerung an Jesus schärft (Joh 14,16.26; 15,26; 16,7–14). Es ist der Geist Gottes, der lebendig macht und inspiriert. Ohne diesen Geist könnten die Jünger nichts sagen und tun. Mit ihm können sie sogar Sünden vergeben, obwohl doch Gott allein Sünden vergeben kann. Er tut es aber – auf Erden – durch sie, weil Jesus ihnen seinen Geist eingehaucht hat: nicht nur seine Gesinnung, sondern seine Liebe zum Vater. Sünden vergeben kann aber nur, wer auch die Vergebung verweigern kann – und alles weitere Gott anheimstellt. Beides steht unter der Friedensverheißung. Die Jünger sind zur Versöhnung gerufen. Sie dürfen nicht um des lieben Friedens willen faule Kompromisse eingehen; sonst herrscht irgendwann nur Friedhofsstille. Sie sollen aber das Feuer der Liebe entzünden. Das allein führt zur Versöhnung.

Die Wundmale Christi

Die Sendung der Jünger zielt auf den lebendigen Auferstehungsglauben, der die lebendige Erinnerung an Jesus umschließt. Wie aber kann dieser Glaube entstehen? Bei denen, die nicht durch eine Erscheinung des Auferstandenen ausgezeichnet sind? Auch den Jüngern fiel es schwer zu glauben, was sie sahen. Ist es dann möglich zu glauben, ohne gesehen zu haben?

Das ist die Frage aller Fragen für die späteren Generationen. Johannes nimmt diese Frage auf und gibt ihr unter

Berufung auf Jesus eine für alle Generationen gültige Antwort. Er gibt sie am Beispiel des Thomas. Der gehört zu den Zwölfen; er hatte (nach Joh 11,16) die anderen Jünger aufgefordert, mit Jesus nach Jerusalem zu gehen, auch wenn es das Leben koste. Er hat beim Abschied von Jesus bekannt, dass er nicht wisse, wohin Jesus gehe und was dieser Weg für ihn, für die Jünger und für die Welt bedeute (Joh 14,6). Dieser Thomas, so notiert der Evangelist, war bei der ersten Erscheinung Jesu nicht zugegen (Joh 20,24). Damit steht er bereits an einem Ort, an dem alle Menschen späterer Zeiten stehen werden.

Thomas' Problem lässt sich mit dem bekannten Motto aus dem Osterspaziergang in Goethes Faust einfangen: »Die Botschaft hör' ich wohl, allein mir fehlt der Glaube.« Thomas hört, was die anderen Jünger ihm von der Erscheinung des Auferstandenen sagen; aber er kann es nicht glauben. Insofern ist er tatsächlich der ungläubige Thomas.

Allerdings macht Jesus nach dem Johannesevangelium eine Ausnahme. Es ist eine einmalige Aktion, aber sie hat dauerhafte Wirkung. Thomas erklärt, nicht glauben zu können, wenn er die Wundmale Jesu nicht sehe und berühre (Joh 20,25). Thomas ist nicht trotzig und verstockt; er bringt eine Unfähigkeit zum Ausdruck. Es ist fast ein Hilfeschrei: Er will glauben, aber kann es nicht.

In diesem Sinn sind alle Christen Thomaschristen – oder dürfen es doch sein. Ihre Zweifel an der Osterbotschaft dürfen sie sich eingestehen. Aber sie sind ihren Gotteszweifeln und ihren Selbstzweifeln nicht ausgeliefert. Jesus lässt sich von ihnen berühren. Er überwindet die Zweifel nicht durch eine distanzierte Kritik, sondern durch eine hautnahe Begegnung.

Eine Woche später, am nächsten Sonntag, tritt Jesus wieder in die Mitte seiner Jünger. Diesmal ist Thomas dabei. Und ohne dass er seinen Wunsch wiederholte, geht Jesus auf ihn ein:

»Reich' deinen Finger, hier, und sieh meine Hände,
und reich' deine Hand und leg' sie in meine Seite.
Und sei nicht ungläubig, sondern gläubig« (Joh 20,27).

Der johanneische Text lässt offen, ob Thomas die Wundmale Jesu tatsächlich berührt hat oder nicht. Die Kunstgeschichte zeigt Tausende von Beispielen unterschiedlicher Auslegungen. Bei Caravaggio (das Bild hängt in der Galerie von Schloss Sanssouci in Potsdam) bohrt Thomas in der offenen Wunde – und schaut so verwundert, als ob er sich frage, was er da eigentlich tue. Meist bleibt es aber in der Kunst bei jener Distanz, die der Text wahrt.
Gerade dadurch lenkt er den Blick aufs Wesentliche: Der Auferstandene trägt noch die Wundmale. Die Auferstehung löscht den Tod, die Erhöhung löscht die Erniedrigung Jesu nicht aus. Das Kreuz wird durch Ostern nicht Vergangenheit, sondern bleibende Gegenwart.
Und der Auferstandene zeigt diese Wundmale. Er zeigt sie nicht nur als eine Art Ausweis, der seine Identität dokumentierte, sondern als Hilfe zum Glauben. Die Thomas-Perikope erzählt, wie sehr sich Jesus, auch der Auferstandene, von den Menschen, auch den Ungläubigen, berühren lässt.
Thomas antwortet mit dem stärksten Christusbekenntnis des gesamten Neuen Testaments:

»Mein Herr und mein Gott« (Joh 20,28).

Johannes, der immer sehr genau formuliert, schreibt zweimal den direkten Artikel (was man in der deutschen Übersetzung nicht richtig wiedergeben kann). Der direkte Artikel ist Gott selbst vorbehalten. Die Konzilien haben kein höheres Niveau als das Thomasbekenntnis erreicht.
Aber nicht Thomas, sondern Jesus hat das letzte Wort:

> »Weil du mich gesehen hast, hast du geglaubt.
> Selig, die nicht sehen und doch glauben« (Joh 20,29).

Damit sind die Leser des Evangeliums angesprochen – bis heute. Nach den Aposteln wird keiner mehr Jesus so sehen, wie sie ihn gesehen haben: den irdischen wie den auferstandenen Jesus. Dennoch ist Glaube möglich. Thomas ist die Ausnahme von der Regel, die zeigt, weshalb sie besteht: weil Jesus sich ein für allemal in seinem Leben und seiner Auferstehung gezeigt hat und als Erhöhter lebendig bleibt. Das Medium der Erinnerung an Jesus wird das Buch des Glaubens, das Johannes mit seinem Evangelium schreibt (Joh 20,30–31).

AM UFER: DAS MAHL MIT JESUS
Neuntes Kapitel

Der neutestamentliche Endtext des Johannesevangeliums fügt an die Jerusalem-Szene eine dritte Erscheinung Jesu an, die in Galiläa spielt, am See Genezareth, der hier »Meer von Tiberias« heißt (Joh 21,1). Auf diese Weise fängt der Vierte Evangelist die Galiläa-Traditionen ein, die in den Osterevangelien ebenso wichtig sind wie die Jerusalem-Traditionen.

Im Kern steht ein kurzer Mahlbericht. Wie in Lk 24 wird Fisch gegessen. Aber diesmal isst Jesus nicht vor seinen Jüngern, sondern gibt ihnen zu essen: Er hält Brot und Fisch bereit (Joh 21,12–14). Das erinnert an das Speisungswunder, das gleichfalls am See von Tiberias stattgefunden hat (Joh 6,1–16). Damals hatte Jesus mit fünf Broten und zwei Fischen, die ein kleiner Junge dabeihatte, das Volk mehr als üppig gespeist. Jetzt nimmt er zum Brot und Fisch, die er selbst hat, die 153 Fische hinzu, die von den Jüngern auf sein Wort hin gefangen worden sind.

Der Fischzug

Der Fischzug der Jünger zieht in der johanneischen Erzählung die größte Aufmerksamkeit auf sich (Joh 21,1–8). Nach einer Nacht vergeblicher Mühe und Arbeit fahren die Jünger ans Ufer zurück und sehen dort Jesus, ohne ihn jedoch zu erkennen. Auf sein Geheiß hin stechen sie erneut in See, obwohl die Aussichten am Morgen weit schlechter sind – und werden mit einem überreichen Fang belohnt. Zu der Erzählung gibt es im Lukasevangelium eine Parallele, die dort aber an den Anfang des irdischen Wirkens Jesu gehört und mit der Berufung der ersten Jünger verbunden ist (Lk 5,1–11). Dahinter steht das unverwechselbare Berufungswort, das Jesus an die Fischer vom See Genezareth richtet: dass er sie zu »Menschenfischern« mache (Lk 5,10; vgl. Mk 1,17).

Das bestimmt den Hintergrund der johanneischen Ostergeschichte. Sie ist allerdings keine Berufungsgeschichte. Denn die Sendung der Jünger durch den auferstandenen Jesus Christus ist ja bereits geschehen (Joh 20,22–23). Am See von Tiberias werden aber die Rollen innerhalb der Jüngerschaft geklärt, insbesondere diejenige Petri und des Lieblingsjüngers. Zwischen beiden zeichnet sich eine fruchtbare Kooperation ab.

Petrus ist die Führungsfigur des Jüngerkreises, der Lieblingsjünger ist der Sprecher im Jüngerkreis. Bevor die Jünger Jesus sehen, will Petrus fischen gehen – und die anderen erklären, »mit« ihm zu kommen (Joh 21,3). Petrus springt, da sie auf Jesu Wort hin so viel gefangen hatten, in den See, um schneller bei Jesus zu sein (Joh 21,7). Später zieht er das Netz mit den 153 Fischen an Land (Joh 21,11), die Jesus den Jüngern gegeben hat. Der Lieblingsjünger aber spricht das rechte Wort, unmittelbar nachdem die vielen Fische ins Netz gegangen sind:

> »Es ist der Herr« (Joh 21,7).

Er richtet dieses Wort an Petrus. Für einen Gegensatz zwischen Petrus und dem Lieblingsjünger, der häufig in das Johannesevangelium hineingeheimnist wurde, bleibt kein Platz. Vielmehr bleibt der Lieblingsjünger derjenige, der nicht nur eine einzigartige Beziehung zu Jesus hat, sondern auch eine enge zu Petrus. Er sagt ihm, was er sieht – und veranlasst Petrus damit, über Bord zu springen, um zu Jesus zu gelangen.

Kohlenfeuer

Der Fischfang ist nur die Vorbereitung für das Mahl, das Jesus den Jüngern bereitet. Da sie ans Ufer kommen, hat Jesus schon Brot und Fisch für sie auf einem Kohlenfeuer (Joh 21,9). Manche fühlen sich gleich an den brennenden Dornbusch erinnert (Ex 3). Aber die johanneische Symbolik ist profaner. Das Feuer brennt, weil Jesus seine Jünger speist. Er ist nicht auf ihren Fischzug angewiesen. Er verfügt von sich aus über Brot und Fisch. Dennoch lässt er die Fische aus dem Netz dazu bringen. Was die Jünger auf Jesu Wort hin gefangen hatten, nimmt er mit hinein in das, was er den Jüngern gibt.
Entscheidend ist die Gemeinschaft am Lagerfeuer. Es ist eine Gemeinschaft mit Jesus – aber anders als in den Tagen seiner irdischen Existenz. Dass Jesus selbst äße, wird so wenig gesagt wie in den synoptischen Abendmahlserzäh-

lungen. Die Jünger essen, weil Jesus ihnen zu essen gibt. Die Jünger versammeln sich um Jesus. Die Jünger sprechen kein einziges Wort. Sie wissen, mit wem sie es zu tun haben: dass es »der Herr« ist. Sie lassen ihn machen. Das ist das Beste, was sie tun können.

Freilich, nach wie vor bohrt die Frage: »Wer bist du?« (Joh 21,12). Die Jünger wissen, dass es der Herr ist. Aber es bleibt die Frage: in welchem Sinn? Und es gibt die Antwort: in dem Sinn, in dem Jesus ihnen das Mahl bereitet. Auf dieser Linie nimmt die Perikope ihren Fortgang. Petrus, dreimal nach seiner Liebe gefragt, wie er dreimal Jesus verleugnet hatte, und dreimal seine Liebe bekennend, wird von Jesus als Hirt seiner Herde eingesetzt (Joh 21,15–19), und muss doch anerkennen, dass Jesus den Lieblingsjünger einen eigenen Weg des Glaubens gehen lässt (Joh 21,20–23).

> # AUF DEM BERG: GEHT HIN!
Zehntes Kapitel

Matthäus stellt an den Schluss seines Evangeliums einen ausdrücklichen Missionsbefehl (Mt 28,16–20). Wie vorhergesagt, erscheint Jesus den Jüngern – elf sind es noch – auf dem Beg in Galiläa. Die Erinnerung an die Bergpredigt bricht auf und darüber die Erinnerung an den Sinai, den Berg der Gesetzgebung, aber auch der Offenbarung Gottes vor Mose, der allerdings nur den Rücken und nicht das Angesicht Gottes geschaut hat (Ex 34). Die Jünger sind dem gefolgt, was die Frauen ihnen als Auftrag Jesu übermittelt haben. Aber sie sind doch nicht einfach auf dem Gipfel des Glaubenstriumphes. Sie werfen sich zwar nieder, da sie ihn sehen, zweifeln aber (Mt 28,17) – nicht nur »einige«, wie die Einheitsübersetzung beschönigt. Doch Jesus »kommt zu ihnen und redet zu ihnen« (Mt 28,18), wie er es schon als Irdischer getan hat. Die Bewegung Jesu auf die zweifelnden Jünger zu ist ihre einzige Chance, ihre Zweifel zu überwinden; sie ist auch die Basis der Sendung, auf die nach Matthäus die ganze Jesusgeschichte ausgerichtet ist. Jesus sendet die Jünger zu den Völkern, sie zu taufen und zu lehren, um sie ihrerseits zu Jüngern zu machen.

In der gegenwärtigen Form ist der Schluss des Matthäusevangeliums stark vom Evangelisten selbst gestaltet. Aber er hat eine Basis in der Erscheinung vor den Zwölf, von der auch Paulus weiß (1 Kor 15,3–5) – nur dass der Apostel die Symbolzahl der Zwölf im Sinn hat, während der Evangelist nach dem Ausscheiden des Judas genau zählt und auf elf Jünger kommt. Die Theologie der Sendung, die Mt 28 eingeschrieben ist, passt zum Grundbekenntnis der Urgemeinde. Und dieses Grundbekenntnis ist nicht im luftleeren Raum entstanden, sondern durch die Deutung der Erfahrungen, die von den Jüngern gemacht worden sind: dass Jesus ihnen erschienen ist, um sie zur Verkündigung des Evangeliums auszusenden.

Immanuel

Das letzte Wort des Matthäusevangeliums ist ein Wort des Auferstandenen. Es lautet:

> »Ich bin bei euch alle Tage bis ans Ende der Welt« (Mt 28,20).

In dieser Beistandsverheißung klingt auf, wer Jesus von allem Anfang an ist: der Immanuel, zu deutsch: Gott mit uns. Matthäus hat dieses Wort dem Propheten Jesaja abgewonnen und seiner Verheißung eines Kindes (Mt 1,23), das in breiten Strömungen jüdischer Theologie ebenso wie im Christentum als königliches Messiaskind gesehen worden ist (Jes 7,14). Matthäus versteht jene Immanuel-Verheißung in einer Radikalität, die im Neuen Testament neben Johannes nur noch Paulus ermessen lässt: »Gott war in

Christus« (2 Kor 5,19). Was aber Paulus auf das Verhältnis Jesu zu Gott konzentriert, weitet Matthäus auf das Verhältnis Jesu zu den Menschen aus: Jesus ist »Gott mit uns«, weil Gott mit Jesus ist.
Auf dem matthäischen Osterberg kommt dieser Zusammenhang durch das erste Wort zum Ausdruck, das Jesus an die Seinen richtet:

> »Mir ist alle Macht gegeben im Himmel und auf Erden« (Mt 28,18).

Der Auferstandene ist der Erhöhte, der an Gottes Allmacht teilhat. Er ist nicht mehr an die Grenzen von Raum und Zeit gebunden. So wie er schon auf Erden Vollmacht hatte, so erst recht im Himmel. Das versteckte Immanuel-Wort zum Schluss zeigt aber, dass Jesus diese Macht einsetzt, nicht um die Menschen zu überwältigen, sondern um ihnen beizustehen. Ohne Macht wäre die Beistandsverheißung eine leere Versprechung, ohne die Zusage des »Mit-Seins« die Allmacht Jesu Despotie.
Die Jünger erfahren den Beistand des allmächtigen Gottes in der Person Jesu Christi nicht so, dass ihre eigene Allmachtsphantasien beflügelt, sondern so, dass sie auf den Weg der Nachfolge geführt werden: wenn sie das Vaterunser beten; wenn sie sich, und seien es nur zwei oder drei, im Namen Jesu versammeln (Mt 18,20); wenn sie sich um die Armen kümmern, mit denen Jesus sich identifiziert (Mt 25,31–46).

Taufen und Lehren

Von den Zusagen sind die Weisungen Jesu gerahmt:

> »Geht und macht alle Völker zu Jüngern,
> indem ihr sie tauft auf den Namen des Vaters und des Sohnes und des Heiligen Geistes
> und sie lehrt, alles zu halten, was ich euch geboten habe« (Mt 28,19–20).

Die weltweite Mission folgt aus der Erhöhung Jesu zur Rechten Gottes. Nach Matthäus konkretisiert sie die Verheißung, dass in Jesus Gott »mit« seinem Volk ist, auch wenn die Jünger immer nur einen schwachen Eindruck der Gnade Gottes vermitteln können. Es hängt aber nicht an ihrer eigenen Glaubenskraft, die Völker zu Jüngern zu machen, sondern an der Kraft Gottes, der sich ihrer menschlichen Schwäche bedient.

Die trinitarische Taufformel deutet die Höhe des theologischen Niveaus an, auf dem Matthäus sein Evangelium ansiedelt. Sie zeigt die Unbedingtheit der Zusage Gottes, wie stotternd auch immer menschliche Lippen die Spendeworte sprechen mögen, die heute ebenso lauten, wie Jesus sie nach Matthäus vorformuliert hat. Sie prägen die christliche Taufe als Feier der Auferstehung von den Toten mitten im Leben.

Das Taufen aber gehört mit dem Lehren zusammen. Das Christentum ist wie das Judentum eine Bildungsreligion. Der Glaube ist mehr als Wissen; aber was der Glaube glaubt, und welche Gründe es für den Glauben gibt, kann gelehrt und gelernt werden. Das Matthäusevangelium, das gerne Jesus als Lehrer Israels, seiner Jünger und indirekt auch der Völker darstellt, bildet dafür eine denkbar gute Basis. Der Weg hinaus in die Welt der Völker ist ein Weg hinein in die lebendige Gegenwart Jesu, des von den Toten Auferstandenen.

> AUS DEM FEUER: DAS RECHTE WORT ZUR RECHTEN ZEIT
Elftes Kapitel

An Pfingsten, erzählt Lukas, kommt der Heilige Geist auf die in Jerusalem versammelte Gemeinde herab.

> »Und es kam plötzlich aus dem Himmel ein Brausen,
> wie ein heftig daherfahrender Wind,
> und erfüllte das ganze Haus, in dem sie saßen,
> und ihnen erschienen sich teilende Zungen, wie Feuer,
> und ließen sich auf einen jeden von ihnen nieder,
> und es wurden alle vom Heiligen Geist erfüllt«
> (Apg 2,2–4).

Das Feuer des Geistes ist es, das die Urgemeinde ihre Stummheit überwinden lässt. Aus dem Feuer des Heiligen Geistes heraus wird die Auferstehung Jesu von den Toten verkündet.

Sie ist das große Thema der Predigten und Reden, von denen Lukas in der Apostelgeschichte erzählt. Die großen Prediger, denen Lukas Stimme leiht, sei es Petrus, sei es Paulus, legen Zeugnis ab. Sie gehen auf die Erfahrungen zurück, die sie und andere aus dem Kreis der Apostel gemacht haben: die Auffindung des leeren Grabes und die Erscheinungen des Auferstandenen. Sie stellen die großen Zusammenhänge her: zwischen der Geschichte Israels, der Geschichte Jesu und der Geschichte der Kirche. Sie blenden zurück zur Verkündigung und voraus zur Wiederkunft Jesu Christi.

Zeugen

Entscheidend ist das Zeugnis der Jünger. Zeugen können sie nur sein, weil sie gesehen haben. Zeugen müssen sie sein, weil es an der Auferstehung zwar viel zu zeigen und zu verstehen, aber nichts unabhängig von Zeugen zu beweisen gibt. Zeugen sind sie, indem sie öffentlich für Jesus eintreten, den Gekreuzigten, für den Gott eingetreten ist, indem er ihn von den Toten erweckt hat. Zeugnis legen Petrus, Paulus und alle anderen nicht nur mit ihren Worten, sondern mit ihrem Leben ab. So resümiert es Paulus nach der Abschiedsrede, die er in Milet vor den Presbytern aus Ephesus hält:

> »Juden wie Griechen habe ich bezeugt, zu Gott
> umzukehren und zu glauben an unseren Herrn Jesus.
> Und nun, siehe, gebunden vom Geist, ziehe ich nach
> Jerusalem und weiß nicht, was mir dort begegnen wird,
> nur dass mir der Heilige Geist bezeugt,
> dass Fesseln und Drangsal meiner warten.
> Aber mein Leben achte ich keiner Rede wert,
> wenn ich nur meinen Lauf vollende
> und den Dienst,

> den ich vom Herrn Jesus empfangen habe,
> das Evangelium der Gnade Gottes zu bezeugen«
> (Apg 20,22–24).

Paulus ahmt Jesus nach – in seinem Leben und bis in den Tod. Das macht sein Zeugnis glaubwürdig, denn es ist mit keinerlei Ansprüchen, keinerlei Gewalt verbunden: aus der Kraft der Auferstehung. Nicht alle Zeugen des Evangeliums müssen so weit gehen wie Paulus. Aber alle können sich seine Ehrlichkeit und Demut, sein Engagement und seine Hingabe zum Vorbild nehmen. Desto besser ist dies für den Glauben an die Auferstehung, den sie entzünden sollen. Spätere Generationen werden sich auf das Zeugnis der Apostel beziehen können und beziehen müssen. Denn der Auferstandene ist zwar jeder Generation gegenwärtig und bleibt immer derjenige, der im Heiligen Geist den Glauben begründet und entzündet. Aber dieser Glaube hat doch den geschichtlichen Haftpunkt bei Jesus selbst, dem von den Toten Auferstandenen, der kein anderer ist als der Irdische. Diese Geschichte verlangt geschichtlich ausgewiesene Zeugen, deren Zeugnis glaubwürdig scheint und deshalb weiter überliefert wird. Der wichtigste Niederschlag ist die Bibel. Das Neue Testament ist aus der Anschauung des Auferstandenen geboren und aus der Erinnerung an Jesus, die durch sie geschärft worden ist.

Heilsgeschichte

Nach der Apostelgeschichte wird die Auferstehung Jesu kein Gegenstand hochfliegender Reflexion. Sie wird bezeugt und zurückhaltend gedeutet: dadurch, dass sie im

Zeugnis der Heiligen Schrift verankert und mit dem Wirken Jesu verbunden wird. Es gibt keine Theorie, die sie erklärte; sie ist vielmehr ihrerseits der Fixpunkt für die Sicht Gottes und der Welt, der Fixpunkt der Heilsgeschichte.
Nach Lukas heben sowohl Paulus als auch Petrus den Kontrast zwischen Tod und Auferstehung hervor. Unwissende Menschen haben Jesus umgebracht, der allwissende Gott hat ihn von den Toten auferweckt. Petrus sagt in Jerusalem auf offener Szene in den Turbulenzen nach der Heilung eines Lahmen:

> »Den Fürsten des Lichtes habt ihr getötet,
> Gott aber hat ihn auferweckt,
> dessen wir Zeugen sind.
> Und weil er an diesen seinen Namen glaubte,
> hat sein Name diesen, den ihr seht und kennt, gestärkt
> und sein Glaube, der durch ihn gewirkt ist, hat ihm die Gesundheit geschenkt vor euer aller Augen.
> Jetzt aber, Brüder, weiß ich, dass ihr aus Unwissenheit gehandelt habt, wie auch eure Oberen.
> Gott aber hat erfüllt, was er vorher verkündet hat durch den Mund aller Propheten: dass sein Messias leiden werde« (Apg 3,15–18).

Die Auferstehung ist der große Glücksfall der Menschheitsgeschichte: ein neuer Anfang, den Gott macht. Die Auferstehung ist die Erfüllung aller Verheißungen, aber nicht einfach das Ende der Heilsgeschichte, sondern die Eröffnung einer unendlichen Zukunft im kommenden Reich Gottes und einer gefüllten Zeit bis dahin.

Auch die Zeugen sind in diese Geschichte mit hineingenommen. Im Hause des Cornelius, des ersten Nicht-Juden, der getauft werden wird, sagt Petrus:

> »Und wir sind Zeugen für alles,
> was er im Judenland und in Jerusalem getan hat.
> Ihn haben sie ans Holz gehängt und getötet,
> Gott aber hat ihn am dritten Tage auferweckt
> und hat ihn erscheinen lassen,
> und zwar nicht dem ganzen Volk,
> sondern den von Gott vorherbestimmten Zeugen,
> uns, die wir mit ihm gegessen und getrunken haben
> nach seiner Auferstehung von den Toten« (Apg 10,39–41).

Es gehört zur Wirklichkeit der Auferstehung, dass Menschen sie verkünden und verstehen können. Denn es gehört zur Wirklichkeit der Auferstehung, dass der auferstandene Jesus selbst den Geist sendet, der das Verstehen schenkt und zur Verbreitung der Guten Nachricht führt.

Evangelium

Tod und Auferstehung sind die zentralen Themen urchristlicher Glaubensbekenntnisse. Das vielleicht älteste Bekenntnis findet sich im Brief des Apostels Paulus an die Korinther (1 Kor 15,3–5):

> »Er starb für unsre Sünden nach den Schriften
> und ward begraben
> und wurde auferweckt am dritten Tage

nach den Schriften
und erschien dem Kephas, dann den Zwölfen«.

Das Bekenntnis fügt Tod und Auferstehung zusammen. Es nimmt die Tradition des Grabes Jesu und der Erscheinungen auf. Es stellt Tod und Auferstehung ins Licht der Schrift. Es markiert den dritten Tag, den Sonntag, den Tag der Rettung aus Todesgefahr (Hos 6,1–2), als Tag der Auferstehung. Es hält die Identität des Auferstandenen mit dem Getöteten fest.
Vor allem deutet es die Auferstehung als Aufer*weckung*: Gott ist im Spiel, der Lebendige, der Rettende, der die Grenzen des Todes überschreitet und neues Leben aus dem Grab erstehen lässt. Gleichzeitig deutet es die Auferstehung durch den Begriff der Erscheinung. Denn das Wort ist aus dem Alten Testament bekannt, allerdings dort reserviert für Offenbarungen Gottes, wie vor Mose im brennenden Dornbusch (Ex 3,2) und der ganzen Gemeinde Israel (Ex 16,10 u. ö.), oder von Engeln, wie vor Gideon (Ri 6,12 u. ö.) und Tobias (Tob 12,22). Dann aber hat die letzte Zeile des Glaubensbekenntnisses einen weitreichenden theologischen Hintergrund. Die Auferstehung führt, mit einem anderen Bild zu sprechen, zur Erhöhung Jesu, zu seiner Aufnahme in das Geheimnis Gottes. Von dort aus tritt er in Erscheinung. Das Wort akzentuiert weniger, was die Jünger wahrgenommen, als dass Jesus sich ihnen – in Gottes Macht – gezeigt hat.
Zur Logik der Auferstehung gehört, dass Jesus »Petrus und den Zwölfen« erscheint. Damit wird nicht eine Männerherrschaft in der Kirche etabliert. Es werden vielmehr diejenigen genannt, mit denen Jesus schon zeit seines irdi-

schen Lebens am intensivsten zusammengewesen ist, weil er sie in seine Nachfolge gerufen und zu Repräsentanten des Gottesvolkes gemacht hat. Dieser Zusammenhang, der durch die Schuld des Petrus und der Zwölf in der Nacht der Verhaftung zerbrochen war, wird durch die Auferstehung Jesu in den Erscheinungen neu hergestellt. Damit geht die Sendung Jesu weiter. Es entsteht die Kirche aus Juden und Heiden – die ihrerseits nichts Wichtigeres zu tun hat, als Gott Lob zu singen für die Auferstehung Jesu von den Toten.

Paulus zitiert das Glaubensbekenntnis als wichtigsten Inhalt des Evangeliums, das er selbst empfangen und weitergegeben hat (1 Kor 15,1–3). Das Evangelium ist auf Glauben aus. Er ist im Kern der Glaube an die Auferstehung von den Toten.

Auferstehung Jesu – Auferstehung der Toten

Paulus bleibt nicht bei der Erinnerung an die Auferstehung Jesu von den Toten stehen. Im Ersten Korintherbrief begründet er auch den Zusammenhang mit der Auferstehung aller Toten am Ende der Tage. Die Betonung liegt auf: von den Toten. Denn die Korinther konnten sich keine leibliche Auferstehung vorstellen, wenn doch der Körper der Toten zerfällt und verwest.

Paulus antwortet in einem grandiosen Kapitel Auferstehungstheologie (1 Kor 15). Er zeigt, dass in der Auferstehung Jesu die zukünftige Auferstehung von den Toten begründet ist. Denn Jesus ist nicht für sich selbst auferstanden (etwa um seine Haut zu retten), sondern für die Menschen, die sterben müssen – so wie er auch nicht für

sich selbst gestorben ist (etwa um seinen Heroismus, seines Todesverachtung zu beweisen), sondern für andere.
Um den Zusammenhang zwischen der Auferstehung Jesu und der Toten anschaulich zu machen, wählt Paulus das Bild, dass Jesus der »Erstling der Entschlafenen« ist (1 Kor 15,20–22). Dieses Bild macht eine wesentliche Gemeinsamkeit Jesu mit allen anderen Menschen und einen wesentlichen Unterschied zu allen anderen Menschen sichtbar. Die Gemeinsamkeit: Jesus ist als echter Mensch gestorben. Der Unterschied: Bis in den Tod hinein hat er radikal den Gehorsam bewährt (Phil 2,6–7), die Liebe zu Gott und den Menschen (Röm 8,31–39). Die Auferstehung ist nicht die Belohnung, sondern die Konsequenz dieses Gehorsams und dieser Liebe. Denn er ist von den Toten auferstanden, nicht um sich selbst, sondern um andere zu retten: damit alle, die sterben müssen, nicht durch ihren natürlichen Tod ewig von Gott getrennt sind, sondern damit sie, obwohl sie eines natürlichen oder gewaltsamen Todes sterben müssen, das ewige Leben gewinnen. »Erstling« ist ein Wort aus dem Agrarrecht Israels, das Religionsgesetz war: Die erste Garbe einer Ernte wird Gott geweiht, damit ist sie ihm ganz dargebracht.
Wie die Auferstehung Jesu mit der Auferstehung der Toten zusammenhängt, macht Paulus mit apokalyptischen Traditionen des Judentums und der Jesustradition deutlich, also mit Motiven jener Zukunftshoffnung, die sich nicht beruhigen will, bis alle Opfer der Geschichte zu ihrem Recht gekommen sind. Der entscheidende Gedanke: Jesus wird zur Rechten Gottes erhöht, um in Gottes Namen – für die Menschen – die Herrschaft Gottes zu übernehmen und

alles, was gegen Gott und die Menschen steht, aus dem Wege zu räumen (1 Kor 15,23–28).

Der letzte dieser Feinde ist der Tod. Jesus hat ihn durch seinen Tod und seine Auferstehung ein für allemal besiegt; in diesem Sieg ist die endgültige Entmachtung des Todes begründet, die in der allgemeinen Totenauferstehung am Jüngsten Tag geschehen wird. Dann gilt, was Jesus am wichtigsten ist:

> »Gott alles in allem« (1 Kor 15,28).

>

OSTERGLOCKEN
Zwölftes Kapitel

Johannes Bobrowski (1913–1965) hat im April 1961 ein Gedicht verfasst, das schlicht »Ostern« überschrieben ist.[15]

OSTERN

Dort noch Hügel,
die Finsternis, aber
die Steige sind recht, aus der Ferne
die Ebenen nahn, mit dem Wind
herüber ihr Schrei.

Über den Wald. Der Fluß
kommt, die Birkenschläge
gehn an die Mauer, Türme,
Gestirn um die Kuppeln, das goldne
Dach hebt an Ketten ein Kreuz.

Da
in die finstere Stille
Licht, Gesang, wie unter

der Erde erst, Glocken, Schläge,
der Stimmen Hähnegeschrei

und Umarmung der Lüfte,
schallender Lüfte, auf weißer
Mauer Türme, die hohen
Türme des Lichts, ich hab
deine Augen, ich hab deine Wange,
ich hab deinen Mund, es ist
erstanden der Herr, so ruft,
Augen, ruf, Wange, ruf, Mund,
ruf Hosianna.

Hosianna heißt: Hilf doch! Es ist der Ruf der Unterdrückten nach Gerechtigkeit, der Gefangenen nach Befreiung, der Kranken nach Heilung. Hosianna ist im Judentum wie im Christentum aber auch der vorweggenommene Dank für die Hilfe in der Not, an der Gott es gewiss nicht fehlen lassen wird. So passt das Hosianna als Schlusswort ins Ostergedicht. Es vergisst nicht den Tod – und jubelt über die verkündete, die verheißene Auferstehung.

Es sind die Osterglocken, die dieses Hosianna erschallen lassen. Der Weg des Gedichts beginnt in der tiefen Nacht, in den Hügeln, jenseits des Flusses, jenseits des Waldes. Er führt in den neuen Tag, den Ostermorgen. Er führt ins Freie. Der Wegweiser ist ein Kreuz, zu sehen auf einer goldenen Kuppel, dem Dach einer Kirche.

Die Glocken, die plötzlich zu läuten beginnen, zerreißen die Todesstille. Sie sind ein Gesang, der vom Leben kündet. Aber es sind »Schläge«, die tönen; es ist »der Stimmen Hähnegeschrei«, der zu hören ist: Sie wecken nicht nur den Tag auf, sie erinnern auch an den Verrat in der Nacht der Passion.

Nur deshalb kann Ostern gefeiert werden. Augen, Wange und Mund – »deine Augen«, »deine Wange«, »dein Mund«: Das Ostergedicht ist ein Liebesgedicht. Deshalb zündet der Funke: »Es ist erstanden der Herr!« bleibt kein fremdes Wort; die eigenen Augen, die eigene Wange, der eigene Mund sprechen es aus. Die starke Bewegung, die das Gedicht beschreibt, kommt nicht zur Ruhe; sie füllt das Osterfest mit Leben: Leben aus dem Tode.

»Hosianna«, der Schrei der bedrängten Kreatur, ist in die Liturgie der Kirche eingegangen. Er gehört zusammen mit dem Dreimalheilig als Gemeinde-Gesang zum Hochgebet. Er weckt die Hoffnungen Israels auf Segen für das Volk und die Völker. Er erinnert an Jesus und seinen Einzug in Jerusalem:

> »Hosianna, gelobt sei, der kommt im Namen des Herrn, der König von Israel« (Joh 12,13).

ANMERKUNGEN

1 Kurt Marti, Namenszug mit Mond. Gedichte. Zürich 1996, 49.

2 Joseph Ratzinger/Benedikt XI., Jesus von Nazareth. Erster Teil: Von der Taufe im Jordan bis zur Verklärung, Freiburg – Basel – Wien 2007.

3 So aber Gerd Lüdemann, Die Auferstehung Jesu. Historie – Erfahrungen – Theologie, Stuttgart 1994.

4 Nach Origines, Contra Celsum 2,55–56.

5 Porphyrios, Contra Christianos frg. 64.

6 So Anton Vögtle, Biblischer Osterglaube. Hintergründe, Deutungen, Herausforderung. Eingeleitet, bearbeitet und herausgegeben von Rudolf Hoppe. Mit einem Beitrag von Eduard Lohse, Neukirchen-Vluyn 1999.

7 Vgl. Ulrich Wilckens, Theologie des Neuen Testaments I/2, Neukirchen-Vluyn 2002, 108–123.

8 Vgl. Tobias Nicklas, Wer war Jesus von Nazareth? Jesus im Spiegel der Evangelien, in: ders. u.a., Jesus begegnen. Zugänge zur Christologie (Theologische Module 3), Freiburg – Basel – Wien 2008.

9 Justin, Contra Tryphonem 89,2.

10 Zur Diskussion und Absicherung der hier vertretenen Position vgl. Th. Söding, Jesus und die Kirche. Was sagt das Neue Testament?, Freiburg – Basel – Wien 2007, 215–225; ders., Der Gottessohn aus Nazareth. Das Menschsein Jesu im Neuen Testament, Freiburg – Basel – Wien 2006, 216–222.

11 Vgl. Alexander Weihs, Die Deutung des Todes Jesu im Markusevangelium. Eine exegetische Studie zu den Leidens- und Auferstehungsansagen (FzB 99); Würzburg 2003.

12 Peter Handke, Mein Jahr in der Niemandsbucht. Ein Märchen aus den neuen Zeiten, Frankfurt/M. 1994, 681f.

13 Vgl. Ingrid Maisch, Maria Magdalena. Zwischen Verachtung und Verehrung. Das Bild einer Frau im Spiegel der Jahrhunderte, Freiburg –

Basel – Wien 1996. Eine sorgfältige Analyse des Textes bei Susanne Ruschmann, Maria von Magdala im Johannesevangelium (NTA 40), Münster 2002.

14 Patrick Roth, Magdalena am Grabe, Frankfurt/Main – Leipzig 2003, 49.

15 Johannes Bobrowski, Gedichte 1952–1965. Eine Auswahl in chronologischer Folge, Leipzig 1974, 81.

TEXTNACHWEIS

Trotz aller Bemühungen gelang es nicht immer, die genauen Rechteinhaber ausfindig zu machen. Für Hinweise ist der Verlag dankbar.

Der Titel des Buches ist einem Liedtext von Silja Walter entnommen, © bei der Autorin.
S. 8 Kurt Marti, Namenszug mit Mond. Gedichte © 1996 Nagel & Kimche im Carl Hanser Verlag, München